T0328877

LE VÉRITABLE
SAINT GENEST
TRAGÉDIE DE
MR. DE ROTROU
1645

JEAN ROTROU

LE VÉRITABLE
SAINT GENEST

EDITED BY
R. W. LADBOROUGH
Fellow of Magdalene College
Cambridge

CAMBRIDGE
AT THE UNIVERSITY PRESS
1954

CAMBRIDGE
UNIVERSITY PRESS

University Printing House, Cambridge CB2 8BS, United Kingdom

Cambridge University Press is part of the University of Cambridge.

It furthers the University's mission by disseminating knowledge in the pursuit of education, learning and research at the highest international levels of excellence.

www.cambridge.org
Information on this title: www.cambridge.org/9781316601686

© Cambridge University Press 1954

First published 1954
First paperback edition 2015

A catalogue record for this publication is available from the British Library

ISBN 978-1-316-60168-6 Paperback

INTRODUCTION

There are many interesting legends connected with the life of Jean Rotrou, as highly coloured as some of the incidents which characterise his plays. But, apart from the moving and tragic circumstances of his death, his biography is on the whole unexciting. He was born in 1609 in the small town of Dreux, about fifty miles south-west of Paris, into a bourgeois family for long prominent in the district. Of his education we know little, except that at an early age he left his native town for Paris, where, we are told, he won the approval of his teachers. The names of the schools where he studied are unknown.

Before his sixteenth year he had already begun to write poems, the first collection of which appeared in 1631, and the second, bound up with his play *Diane*, in 1635. In spite of a certain biographical interest they have been justly forgotten. His first play *L'Hypocondriaque*, a richly imaginative but crude tragi-comedy was probably composed in 1628, one year before Corneille's *Mélite*.* Because of his one year's seniority as a playwright, he was called 'father' by Corneille. 'On sait', says Voltaire, 'combien le père fut surpassé par le fils.'† The play was performed at the Hôtel de Bourgogne and was so successful that Rotrou was encouraged to write another, *La Bague de L'Oubli* (printed 1634). This amusing comedy is based largely on Lope de Vega's *La Sortija del Olvido*, and in choosing a Spanish source Rotrou showed great originality. He is the first tragic playwright to do so, and thereby started the fashion for imitation from the Spanish which he himself was to follow and which reached its climax in Corneille's *Le Cid* several years later. This play, too, had a great success and was

* See the ed. by F. Gohin, Paris 1924.
† *Siècle de Louis XIV* (*Œuvres*, ed. Moland, vol. XIV, p. 123). Rotrou was junior to Corneille by three years.

subsequently performed before the King and Queen at the Louvre and Saint-Germain, and at the Palais-Cardinal before Richelieu. Henceforth his career as playwright was assured. In seven years he composed seventeen plays—tragedies, tragi-comedies and comedies: needless to say that in the process he sacrificed quality to quantity. They are rudimentary in characterisation and extravagantly romanesque, but those who have read them all manage to find a word of praise for their occasional lyrical inspiration as well as their realism in painting contemporary life. He had, however, become a hackwriter, having in 1632 succeeded Hardy as purveyor of plays for the Hôtel de Bourgogne. Having won the admiration of Richelieu, he received from him not only a pension of 600 *livres* a year, but the more doubtful honour of being enlisted as one of the Five Authors of the three plays written with Richelieu as a kind of benevolent impresario. The other authors were Corneille, Boisrobert, Lestoile and Colletet, the last three being original members of the Académie française. The whole question of who wrote what is a most complicated and difficult one, and has been treated as fully as need be by Professor H. Carrington Lancaster.*

Rotrou was now in the forefront of contemporary dramatic authors. Besides the Cardinal he had powerful protectors such as the Comte de Belin, and was on intimate terms with literary critics such as Chapelain. Later on he probably frequented the Hôtel de Rambouillet. The relations between Rotrou and Corneille have been treated by A. Wendt.† While we possess only one reference to Rotrou by Corneille,‡ Rotrou displays

* *A History of French Dramatic Literature in the Seventeenth Century*, Pt. II, vol. I, pp. 97 *sqq*. The three plays were *La Comédie des Tuileries*, performed 1635, printed 1638; *L'Aveugle de Smyrne*, performed 1637, printed 1638; and *La Grande Pastorale* which was never printed.

† *Pierre Corneille et Jean Rotrou*, Weida, 1910.

‡ Recounted in *Menagiana*, Paris, 1715, vol. III, p. 306: 'M. Corneille disait: "M. Rotrou et moi ferions subsister des

towards the greater playwright a generosity and magnanimity which is refreshing in an age of literary quarrels and rivalry. Not only does he write a long poem in praise of Corneille published among other eulogies with that author's *La Veuve* in 1634, but we have the famous reference to him in *Saint Genest* (ll. 277–286). He is also probably the author of the open letter entitled *L'Inconnu et véritable ami de Messieurs de Scudéry et Corneille** which appeared in 1637 while the 'Querelle du *Cid*' was at its height. It is an attempt to reconcile the two protagonists, and shows an absence of rancour and an impartiality both remarkable in that not very edifying affair. Rotrou's admiration for Corneille is perhaps best shown by the undoubted influence which *Le Cid* and *Polyeucte* had on one of his greatest plays *Saint Genest*. The friendly rivalry which henceforth existed between them is pleasantly portrayed by Rotrou's earliest biographer, the Abbé Brillon† (1681–1739): 'Comme Rotrou ne travaillait que pour la troupe de l'Hôtel de Bourgogne et que Corneille l'aîné ne donnait ses ouvrages qu'à celle du Marais dont Mondory était le chef, il semblait que ces différents objets devaient causer quelque jalousie entre ces deux poètes qui se suivaient de fort près: mais, bien loin que cela fût, ils étaient liés d'une amitié réciproque et parlaient de leurs ouvrages avec toute l'estime qu'ils devaient; et cela a paru plusieurs fois par des élégies qu'ils faisaient à la louange l'un de l'autre, lesquelles ils mettaient bien souvent à la tête de leurs ouvrages.'

Rotrou is mentioned as having been in 1636 an 'avocat en la cour de Parlement', though how he had time to practise at the bar—if indeed he did so—is a matter for wonder. For by 1639 he had written over twenty plays,

---

saltimbanques"; pour marquer que l'on n'aurait pas manqué de venir à leurs pièces, quand bien même elles auraient été mal représentées.'   * Signed: D.R.

† *Notice biographique sur Jean Rotrou*, written c. 1698, and published by L. Merlet in Chartres in 1885.

drawn from Spanish, Italian and Latin sources. In that year he took a step which was to determine the course of the remaining years of his life. He purchased the post of 'Lieutenant particulier au bailliage de Dreux'. This meant that during the absence of the 'lieutenant-général' he acted as magistrate in his native town. There in 1639 he retired and married in the following year.*
We know nothing of the events of his life during the next ten years except that it was during this period that he produced most of his best plays, including *La Sœur* (printed 1645), a comedy imitated from Corneille's *Le Menteur*, *Saint Genest* and *Don Bertrame de Cabrée* (a tragi-comedy printed in 1647) and the two famous tragedies *Venceslas* (1647) and *Cosroès* (1648).†

As *Saint Genest* clearly shows, Rotrou was a Christian of deep conviction. A fellow-townsman, Godeau, expressed the wish not long before Rotrou's death that he would forsake the profane Muse for works of devotion. We are told, moreover, that during the last years of his life he spent two hours daily before the Blessed Sacrament in prayer and meditation. The circumstances of his death at the early age of 40 are worthy of the burning faith which we find in *Saint Genest*. In 1650 Dreux was ravaged by plague. Despite invitations to leave the town, Rotrou as its chief officer, the others being dead or absent, refused to leave his post. 'Ce n'est pas,' he writes to his brother, 'que le péril ne soit fort grand, puisqu'au moment que je vous écris, les cloches sonnent pour la vingt-deuxième personne qui est morte aujourd'hui. Elles sonneront pour moi quand il plaira à Dieu.' A short while after writing this letter he himself was attacked by the plague and died 'avec une parfaite résignation à la

* He had six children, three of whom died in infancy. Jean, a priest, died in 1706, and two daughters entered convents.

† See A. L. Stiefel, 'Über die Chronologie von J. Rotrou's dramatischen Werken', in *Zeitschrift für französische Sprache und Literatur*, 1894, vol. XVI, pp. 1–49. *Laure persécutée*, one of his best tragi-comedies, had been composed in 1637 before he left Paris.

volonté de Dieu'. He was buried, presumably together with many others, in some unknown spot. His death seems to have caused little stir and few comments. A few epitaphs appeared later, one attributed to Corneille.

It has been suggested that the lack of interest aroused by his death, and the omission to elect him to the French Academy may be due to the fact that he was a provincial, out of touch with the capital—not a very satisfactory explanation of a rather puzzling problem. Without question Rotrou was regarded as one of the foremost playwrights of his day as he was also one of the most prolific. Of his plays thirty-five are extant. According to the title-pages seven are tragedies, sixteen tragi-comedies and twelve comedies. But the distinction between the first and second, and the second and third of these categories is not always very clear. By far the most popular of his writings have been *Saint Genest* and *Venceslas*. There are scattered references to him in the seventeenth and eighteenth centuries, Voltaire describing him rather extravagantly as 'le fondateur du théâtre'.* Since then, although he is universally praised by critics for his fantasy and powerful imagination, most of his works, with the possible exception of *Cosroès* and the two just mentioned, have been almost unknown to the public.

* * *

Without attempting to produce for the word 'baroque' which has been used in connexion with Rotrou a definition that can be in any sense satisfactory, it is nevertheless possible to see in his plays a sign of tension, indeed of that tension which was symptomatic of the times in which he lived.† It is a relic of the internecine civil and religious strife of the preceding century, and is expressed by a certain exuberant vitality, a heroism often bordering on the absurd, even on the brutal, combined with an effort

---

* *Op. cit.*

† Some interesting remarks on the baroque nature of *Saint Genest* are to be found in Jean Rousset's *La littérature de l'âge baroque en France*, Paris, 1953.

towards greater politeness and refinement, however superficial the veneer may be. Does this explain Rotrou the Catholic, the family man of seemingly impeccable morals, whose writings often display underneath their precious style a condonation of actions that border on the indecent and even the obscene? Or Rotrou the stylist, at one moment charmingly naïf and the next moment bombastic and rugged to the point of crudity? Or Rotrou the playwright, looking back to the un-bridled fancifulness of certain of his predecessors, like Hardy, and forward to the polish and 'classicism' of the age of Racine? It is hardly a paradox to say that it is this tension which makes him at once an individualist and also very much a child of his time. At any rate he has been justly recognised as the representative in the seventeenth century of the 'théâtre d'imagination' as opposed to the 'théâtre de raison'. And indeed one may say of his large production between *L'Hypocondriaque* of 1628 and *Don Lope de Cardone* in 1650, that he remains above all a writer of tragi-comedy.

Whatever may be said of *Saint Genest** as a work of literature, there is no doubt that it holds a high place among religious writings composed by laymen during this period. That it was inspired by the most devout Catholicism stands out on almost every page. Dramas dealing with religious subjects were by no means rare in the seventeenth century, and were to a large extent the direct outcome of the Catholic renaissance which charac-terised its early years.†

---

* The text used in this edition is that of the original edition of 1648 with modernised spelling. I am greatly indebted throughout to the edition of T. F. Crane (Ginn and Co.: Boston, etc. 1907). The text used by Félix Hémon in the *Collection Laplace* (Garnier) is largely faulty. P. Mélèse's edition (Hatier, 1931) is based on Crane's, and the notes are mainly translations.

† For a discussion of this question see the interesting thesis of Kosta Loukovitch, *L'Evolution de la tragédie religieuse classique en France*, Paris, 1933. Also M. E. Pascoe, *Le Drame religieux du milieu du XVIIe siècle*, Paris, 1932.

The high-water mark of such drama is of course
Corneille's *Polyeucte*, printed in 1643. It is wrong, however, to look upon this great play as a kind of bolt from
the blue—a tragedy with a specifically Christian theme
suddenly sprung upon audiences who up to then, and
after then (with other great exceptions like Racine's
Athalie), had been accustomed to plots taken mainly from
pagan antiquity. Indeed, during the first half of the
century and with the emergence of irregular tragedy and
tragi-comedy, it had been the fashion to deal on the stage
with lives of saints. The medieval tradition of Christian
drama was by no means dead. In its first twenty or thirty
years we find plays dealing with Saint Cecilia, Saint
Agnes, Saint Catherine, Saint Sebastian and others. In
Corneille's own time, after the production of *Le Cid* and
before that of *Polyeucte* (i.e. between 1637 and 1642),
several plays which in varying degrees might be called
religious dramas were produced, but on the whole they
had little artistic merit. One of the most famous religious
plays of this period is Du Ryer's *Saül* (probably 1639 or
1640), which, however, must be placed not so much in
the category of specifically Christian drama as Biblical
drama, and which represents the first great attempt, later
to culminate in *Athalie*, to stylise themes taken from the
Bible and forced to obey the rules of classical tragedy.
Du Ryer in this play is following the traditions of the
humanistic Biblical drama of the preceding century,
whereas Corneille's *Polyeucte* gives a classical and regular
form to the previously irregular Christian drama dealing
with lives of saints.*

One must, then, at the outset make a distinction between
what is Biblical and what is in a wider sense Christian.†
Biblical drama had its origins more particularly in the

---

* It has been described by K. Loukovitch (*op. cit.* p. 50) as
'la première tragédie chrétienne classique. C'est la *Sophonisbe*
chrétienne.'

† Tristan's *Mariamne* can hardly be reckoned a Biblical, and
is certainly not a Christian, play.

partisans of the Reformation and was for instance practised in Latin by the Scotsman Buchanan, whose writings were very popular in France. Its object was to show man's feebleness in the hands of Divine Providence. A kind of theological fatalism is the usual hall-mark of such dramas, and is to be found even in the works of Catholics such as Du Ryer and more especially in Racine with his Jansenist background. Moreover, works relying on the Bible for their inspiration naturally imposed on their authors an absolute regard for historical accuracy, especially those rare ones drawn from the New Testament. On the other hand, Christian tragedy relied for its subjects more particularly on the lives of saints and martyrs. These were naturally shunned by the Protestants to whom the worship and invocation of saints was equivalent to idolatry. But Christian hagiography furnished endless material to the Catholics as dealing with heroes who provided miracles of virtue as well as examples of Divine Grace working in the world of men. Christian drama dealt both with human elements and with the hand of God stretched forth to help struggling mankind which remained master of its own destiny. Thus subjects drawn from lives of saints provided a greater mixture of the Sacred and the Profane than subjects of purely Biblical inspiration. Whereas the love-motif was usually entirely absent from Biblical stories, it was admitted in those taken from saintly legend. In Du Ryer's *Saül*, for instance, it plays only a small part, in *Athalie* none; whereas in *Polyeucte* human love and divine love were mingled in equal proportions. And so the love-motif, which was almost an essential ingredient in classical tragedy, lent itself more easily to a strictly Christian than to a Biblical drama.

Now the early part of the seventeenth century represents a period of growing interest among the laity in the practices and dogmas of the Catholic Church. It is well known to be a period when the Church was attempting to put its house in order after the disturbances of the preceding century. And it sought to base its life and conduct upon the examples of those men and women who had been its chief glories in the past. Just as the lay humanists of the sixteenth century sought their inspiration in the heroes of Plutarch's *Lives*, especially in Amyot's translation, so now Christians turned to works like the *Acta Martyrum* and the *Vitæ Sanctorum* for their guides. It is not surprising, therefore, if playwrights, following popular taste, while turning to these works in order to find their subjects, at first accommodated them to the *genre* which for the moment held sway, namely tragicomedy.*

Such was the sort of atmosphere in which *Saint Genest* was written.† The question of its sources is difficult and complicated. Played in 1645, it was first published in 1647 and 1648.‡ Corneille's *Polyeucte* had first been acted during the winter of 1641–42, and in 1645 he produced his second religious play, which was a failure, *Théodore*. There is no doubt that from the point of view of both subject and structure Rotrou was influenced by the former. *Saint Genest*, although not strictly speaking a classical play, is yet much more regular in form than many of Rotrou's former works. Its subject is martyrdom, and it is obviously the work of a pious Catholic, and indeed of one who had a profound admiration for his more distinguished contemporary. The parallels between the plays have been pointed out by critics. Not only do they deal with the themes of grace and conversion, but there are also some striking verbal similarities. Compare, for instance, the discussion between Adrien and Flavie (II, viii) with similar scenes in *Polyeucte* (IV, iii; V, iii), and notice the use of stichomythia by both poets.

* See G. Lanson's *Esquisse d'une histoire de la tragédie en France*.

† F. Gaiffe, 'Quelques notes sur les sources de *Saint Genest de Rotrou*.' (*Revue universitaire*, April 1929.)

‡ During the seventeenth century there were two more editions, both in 1666.

Adrien's confession of faith in III, ii is almost a parallel to Polyeucte's in III, ii and v, iii. Besides these and other passages a very striking resemblance is to be found at the beginning of Act v, where Genest in prison utters *stances* strongly reminiscent of the more famous ones in *Polyeucte*.

The most obvious direct source of Rotrou's play is to be found in the medieval legend contained in the *Vitæ Sanctorum* of Surius.* There exists a mystery play of the fifteenth century, entitled *Lystoire du glorieux corps de saint Genis à xliii personnages*, but except for a possible verbal reminiscence in l. 606, noticed by Professor Lancaster, there is no evidence that Rotrou was acquainted with it. Far more important and more interesting is the use clearly made of a *Comedia de Santos* by Lope de Vega entitled *Lo Fingido Verdadero*† which was printed in Madrid in 1621 and 1622.‡ As we have seen, Rotrou's debt to the Spanish theatre was large, and it was he who was responsible for the fashion so popular in his day of borrowing from Spanish sources. But a comparison between his play and that of Lope is illuminating as showing not so much the extent as the manner in which the Spanish original is used, and the growing divergence between Spanish and French theories on the drama.§ *Lo Fingido Verdadero* is a complex and rambling affair, full of spectacle and realistic incident, but almost entirely lacking in dramatic unity. It is divided into three Jornadas, the first of which, devoted to the circumstances of Diocletian's elevation to the Empire, has been completely discarded by Rotrou owing to its irrelevance to the main theme and the author's obvious desire to adhere as

---

* 1618 (vol. IX, pp. 88–93).

† Translated by T. F. Crane (*op. cit.*) as 'Pretense become Truth'.

‡ In pt. 16 of the *Comedias*.

§ See Crane (*op. cit.* pp. 84–91) for a full discussion of this; also G. Steffens, *Jean de Rotrou als Nachahmer Lope de Vegas*, Oppeln, 1891; also E. Martinenche, *La Comedia espagnole en France de Hardy à Racine*, Paris, 1900.

much as possible to the unities. The second Jornada is concerned with the arrangements for the celebration of Diocletian's accession, during which the actor Ginés is asked to produce a comedy for the celebrations. At the time of its performance two of the principal actors, while acting a love-scene, so far forget themselves that their emotions arouse in Ginés feelings of bitter rage and jealousy. The audience is highly delighted with what is thought to be his acting, and the Emperor orders him next day to play the part of a Christian undergoing torture for the sake of his faith. The third Jornada, which provides the main material for Rotrou's borrowings, deals with the conversion and martyrdom of Ginés while playing the part of this Christian. But there are very important differences to note. In Lope the baptism of Ginés is shown on the stage. While acting his part, an angel appears and beckons him to the back of the stage. There, other angels descend and perform the act of baptism. This done, Ginés returns to the front. Comic bewilderment is added to the whole scene by the fact that the first angel takes the form of one of the principal actors of the troupe, Fabio. When the real Fabio comes on to play his part, which happens to be that of an angel, no one knows who is meant to be who. Ginés profits by the general confusion of everybody to make his apologia as a Christian and to denounce the tyrants who have driven his co-religionists to martyrdom. The Emperor is not unnaturally furious. Ginés is condemned to death and impaled on the stage: this does not prevent him from once more addressing a long tirade to the audience.

In 1645 appeared a play by N. Desfontaines entitled *L'Illustre comédien ou le martyre de Saint Genest.** The author, who composed other plays on the lives of saints, was an actor in the troupe of Molière and the Béjarts. Whether he borrowed his material from Lope is an

---

* See Lancaster (*op. cit.* II, 2, p. 539) and Loukovitch (*op. cit.* p. 339). *L'Illustre comédien* was probably first acted in 1644 and may well have been performed by Molière's troupe.

obscure problem, as is the exact relationship between his play and that of Rotrou. It is possible that his play gave Rotrou the idea of utilising Lope, but that is all. In spite of certain verbal similarities which are difficult to explain, the plays are very different both in incident and characters, and that of Desfontaines is poor stuff. In it the romanesque and miraculous elements are much more conspicuous than in Rotrou.

What is most interesting to note is the way in which Rotrou's play differs from the Spanish one. Out of deference to the simplification that was taking place in the works of French dramatic authors, to the growing insistence on obeying the rules of drama and to the introduction of the *bienséances*, Rotrou has ruthlessly abandoned nearly all that is not essential to the main plot. It is true that his play opens with the rather unnecessary love-affair between Valérie and Maximin, and that he therewith introduces the device of the dream.* But otherwise the love-motif, which had formed a considerable part of Lope's drama is completely abandoned. Rotrou does indeed borrow from Lope's second act the literary discussion with which his play opens, and uses it, as we shall see, to introduce an ingenious and moving, if anachronistic, tribute to his friend Corneille. More important, whereas in Lope there are two subsidiary plays, in Rotrou there is only one, and moreover it is this which forms the main theme of the whole action. Again, while in the Spanish play Genest amuses his imperial master with the performance of a play dealing with an unnamed Christian, Rotrou with greater artistry and realism makes him play the part of a particular martyr, Adrien, who had been done to death by Maximin himself: the latter is represented both as actor and spectator. For the play within the play Rotrou uses as his source a Latin play by the Jesuit Father Cellot, called *Sanctus Hadrianus Martyr*, which had appeared in 1630 and 1634. Cellot

---

* A device favoured by many of his contemporaries, e.g. by Corneille in *Polyeucte*, and much later by Racine in *Athalie*.

was Rector of the Jesuit Colleges of Rouen and La Flèche and was eventually Provincial of France. He was one of the considerable band of Jesuit playwrights who, as authors of Latin plays to be performed in schools, had a hand in shaping the future of neo-classical tragedy in France.* Suffice it to say that once more Rotrou has only borrowed from Cellot in outline. His borrowings result in little more than an adaptation of the original: once again he has abandoned the sermons, rhetoric, romanesque and unsuitably realistic elements which he found in his very inferior original. At the same time he has made the whole thing more dramatic and in conformity with popular demand.

The most significant point to note is the means by which the hero's conversion is brought about. *Saint Genest* does retain, as did *Polyeucte* and many other Christian plays of the seventeenth century, several of the elements of a medieval mystery play, but once again Rotrou has retained them while making them conform to contemporary taste. Except for the voice from heaven in II, iv, and Genest's vision of the angel in Act IV—seen by him, but not by the spectators—the miracle of his actual conversion takes place off stage. As one critic† has said: 'Il a gardé le fait, tout en le spiritualisant.' When the play was written, to have portrayed the miracle in the manner of Lope would have been contrary to the *bienséances* and would have shocked the susceptibilities of the critics for whom *le merveilleux chrétien* was banned on the stage. And so Rotrou has only taken from his sources matter which could be utilised in a classical drama. He has dispensed with extraneous incident, gross realism and everything that might shock an audience gradually becoming accustomed to greater regularity and obedience to the rules. Although he has borrowed much, his play remains not only an original creation, but shows an

---

* For a comparison between Cellot's play and the one in *Saint Genest* see F. Gaiffe, *op. cit.* pp. 327–33.

† K. Loukovitch, *op. cit.*

independence of treatment refreshing in an age which, with certain great exceptions, was becoming prone to sacrificing freedom of expression to a petrifying rigidity.

*   *   *

Sainte-Beuve said of *Saint Genest* that it is 'en plein dix-septième siècle la pièce la plus romantique qu'on puisse imaginer'.* It has in fact been fashionable to look upon Rotrou as a kind of forerunner of Victor Hugo himself. But that much misused and overworked word 'Romantic' can only be applied in its very widest sense to this parti-cular play. It has nothing in it of the qualities we expect to find in a nineteenth-century drama of the type of *Hernani*. Nor indeed in this play is it appropriate to compare the author to Shakespeare. All we can say is that, although *Saint Genest* is very much more regular than the models from which it was taken, yet it has certain features which differentiate it sharply from regular tragedies which, like *Polyeucte*, were gradually to prevail upon the French stage.

First, in the matter of the unities, Rotrou only partly conforms to prevailing usage. He does, it is true, strictly obey the unity of time, for the action of the whole play does not last very much longer than the subsidiary play *Le Martyre d'Adrien* takes to act. But in making it so conform, Rotrou can be legitimately criticised for his failure to observe the law of verisimilitude. It stretches one's imagination somewhat to think not only that Valérie's betrothal should be followed up so quickly by the decision to call in a band of players to celebrate it, but that they should rehearse the play, get ready for its staging, and perform it all within the space of twenty-four hours, and that during that time Genest, who is in the first act a pagan, should have undergone both conversion and martyrdom. The whole action taxes our credibility much more than that of *Polyeucte*. And when we turn

---

* *Port-Royal*, I, vii; see also E. Deschanel, *Le Romantisme des classiques*, pp. 261–87, Paris, 1883, quoted by Crane.

to the other unities, Rotrou makes little attempt to adhere to the rules. Although the actual place is not mentioned, or is kept purposely vague, it is difficult to imagine that the stage, when Genest's actors perform their play, is in exactly the same spot where in Act I the Emperor and Maximin come to meet Valérie. This latter spot is certainly the imperial palace. The stage is presumably either in another part of the palace or somewhere not far distant from it. It is certain that the first five scenes of Act V take place in a prison: whether this is in the palace or not is not so certain, although the closing scenes of the play almost certainly are.*

In so far as unity of action is concerned, the Valérie-Maximin betrothal has little to do with the main theme of conversion. True, it is the immediate cause of the acting of *Le Martyre d'Adrien*, but it would have been more artistic if Rotrou had shortened it, or laid less emphasis upon it. It is clearly very subsidiary to the main action, and we are really not much interested in the love-affair between the insipid Valérie and her swashbuckling fiancé. The other two themes are skilfully and necessarily interwoven, for it is the martyrdom of Adrien which brings about the conversion and martyrdom of Genest and the breaking up of his troupe owing to the loss of their leader.

Still more striking, and for a modern audience perhaps more informative, is the lack of unity of tone. It is the variety of characters and episodes in the play which causes its appeal to an English reader. *Saint Genest* was called a tragedy when it was first published, but there is little about it which can be said to be tragic in the strict sense of the word. It is certainly not Aristotelian. Even less than in *Polyeucte* is there a struggle in the hero's own soul. The hero of Corneille's play does indeed have a moment of hesitation before the thought of martyrdom:

---

* It is interesting to note that Rotrou does not adhere to the rule concerning the *liaison des scènes*, whereby the stage must never be left empty.

it is Néarque's arguments and his warning not to resist
Divine Grace—which he is free to do if he wants—that
acts as the final spur. But even after his conversion, he
has to make the choice between heavenly and profane
love. It is true that he does not waver, but the necessity
of making the choice is there, and it is precisely that
which makes the play tragic though once more not in the
sense in which, for instance, Racine's plays are. Saint-
Evremond, one of Corneille's greatest admirers in the
seventeenth century, has some harsh things to say about
Polyeucte. Perhaps this was inevitable, as it must have
been difficult for an Epicurean such as he to appreciate
the sublimities of religious feeling that characterise the
play. Nevertheless, from the point of view of literary
criticism his extremely interesting essay on religious
tragedy* expresses what many a more religious man must
have felt on the subject of *le merveilleux chrétien* as
expressed on the stage: 'Insensible aux prières et aux
menaces, Polyeucte a plus d'envie de mourir pour Dieu
que les autres n'en ont de vivre pour eux.... Ce qui eût
fait un beau sermon faisait une misérable tragédie.'
Looked at from the point of view of a late seventeenth-
century critic, how much more aptly would his criticism
have been applied to *Saint Genest*! For here, although
we are plainly shown—above all in ll. 1576–8—that
God's Grace *can* be resisted, and that therefore there is
a possibility of struggle, in point of fact the main subject
of the play is that of progressive revelation. It is indeed
the gradual working of Grace in Genest's soul, culmina-
ting in conversion and martyrdom, which arouses our
interest and keeps us in suspense as regards its effects.
But of actual struggle there is little. Psychologically the
play has its interest, but theologically it has almost none,
and in this respect is far less subtle than *Polyeucte*.†

---

* *De la tragédie ancienne et moderne*, 1672.
† K. Loukovitch, in *op. cit.* pp. 345–8, exaggerates the theological implications of the text, and reads into it more than is
there.

Saint Genest may therefore be said to be less of a classical tragedy than a tragi-comedy which, like many others of the day, shows a strong influence of the medieval mystery play. It is true that in general tragi-comedies in the seventeenth century have a happy ending. But nevertheless there are examples of such plays which, although they end unhappily, are yet not strictly tragedies in the classical sense by reason of the comic situations they contain, and also because they include characters out of place on the classical stage. This is true especially of *Saint Genest*. To begin with, the play largely concerns a troupe of actors, of whom the leader, Genest, is the hero. It is well known that the profession of actor was looked upon askance by polite society of the day as well as by the Church. But here we have a play portraying in realistic details almost worthy of Scarron's *Roman comique*, even of *L'Impromptu de Versailles*, an episode in the life of a troupe of actors. Not only do they act a play, but we see them rehearsing it, and we are given wonderfully vivid details of the sort of things which go on behind the curtain: the bustle,* the rather hectic rehearsal of the actors' lines while they are still in process of dressing, the dialogue between the principals about the effect their lines have, and—finest touch of all—the leading lady complaining with obvious relish about the importunities of her many admirers. This last touch is, however, an ingenious one, for it looks forward to the end of Act III, and gives Rotrou an excuse to afford us as it were a breathing space during the playing of *Le Martyre d'Adrien*. Genest intervenes in person to complain to the Emperor of the 'foule importune' that is invading the wings and hampering the production, and the Emperor goes out with his Court to restore order. Besides this, there is also the interesting literary discussion at the end of Act I about the merits of ancient and modern authors. This is borrowed from Act II of Lope's

* 'Le temps nous a manqué.'—'Le temps nous presse.' (II, i.)

play and also takes a rather different form. In the Spanish version, Ginés suggests for performance a number of plays such as the *Andria* and the *Miles Gloriosus*, all of which are turned down by Diocletian, who says that he has the taste of a Spaniard in the matter of plays and prefers something in which the rules are not strictly observed. 'Their strictness', he says, 'rather bores me.' No such sentiment was, of course, possible in the French play. Moreover, Rotrou, using Genest as his mouthpiece, takes the opportunity of paying Corneille his famous and gracious compliment (ll. 276–86). Finally, at the end of Act IV, after Genest has been led away to prison, there is the comic and at the same time rather pathetic interrogation of the remainder of the troupe by Plancien, during which he asks them in turn what parts they are accustomed to play. Their feeble protestations of loyalty to their pagan faith, their 'franchise ingénue' and their 'naïveté' provide a highly comic contrast with what has gone before, particularly Albin's answer to Plancien's question.*

It can thus be seen that Rotrou has introduced several episodes and characters into his play which would be entirely out of place in a classical tragedy. By the mixture of comic and tragic, he approximates, as usual, much nearer to tragi-comedy than tragedy. The play itself ends on a macabre note of comedy, the last four lines, spoken by Maximin, containing a *pointe* and an allusion to the title of Lope's play.† Sainte-Beuve (*op. cit.*) justly criticises the ending thus: 'Et le tout finit par une pointe de ce grossier, féroce et en ce moment subtil Maximin, qui remarque que Genest a voulu, "par son impiété, D'une feinte en mourant faire une vérité". C'est pousser

---

* Plancien: 'Et toi?' Albin: 'Les assistants.' (Note that Plancien has previously used the politer 'vous'.) N. M. Bernardin in *Devant le rideau*, Paris, 1901, quoted by Crane, notes a comparison between this and Léandre's answer to Perrin Dandin in *Les Plaideurs*: 'Moi, je suis l'assemblée.' Shakespeare uses a similar device in his *Midsummer Night's Dream*.

† *Lo Fingido Verdadero.*

trop loin, pour le coup, le mélange du comique avec le tragique: ce dernier acte, du moins, devait finir tout glorieusement et pathétiquement.'

*   *   *

There are other criticisms which one can make and have been made of *Saint Genest*. In the first place, there is no doubt that the inner play concerning Adrien's martyrdom is much too long, and, as Professor Lancaster has pointed out, between ll. 477* and 1243 there is very little change in the situation. There is, of course, a psychological change in the character of the real Genest due to the action of Grace: in Act II he hears the voice from above and at first tries to disregard it; in Act III he becomes more and more convinced while reciting his part; in Act IV he is converted and announces his conversion to the Emperor. But, apart from this, it must be difficult for a spectator not previously acquainted with the plot to know who is speaking, Genest himself, or the character he is representing. Moreover, the device of having Maximin both as spectator and as character in the inner play would be very muddling to one who had not studied the stage-directions beforehand. In so far as Adrien himself is concerned, there is no progression.

Noble and moving though his tirades and arguments are, we feel we could do with less of them: to a certain extent they smack of the rhetoric which marred many a sixteenth-century drama. And when we come to the part where Genest throws off the mask and speaks for himself, no new level can be attained, for we have already touched the heights. This lack of variation again tends towards monotony, and incidentally renders the end of the play, with the feeble conduct of Genest's troupe, one of extreme bathos. Again, such characterisation as there is in *Adrien* seems singularly lacking in nuance. As Sainte-Beuve has rightly pointed out, Adrien's speech to Natalie

* Not l. 445, as Professor Lancaster says.

in III, v is far removed from that of the courtly Polyeucte, 'ce cavalier d'Arménie'. The tirade in ll. 802-50 contains, it is true, some touching sentiments, but the opening: 'Tais-toi, ma femme, et m'écoute un moment' is, to say the least, hardly polite, and ll. 835-6 show him rather precipitate in handing over his wife to some unknown second husband! Far different, more subtle and more moving is Polyeucte's action in entrusting Pauline to Sévère, her former lover. Again, the unnecessary contretemps in IV, iv, in which Natalie thinks that Adrien has been false to his Christian ideals, seems far-fetched and indeed not far removed from the *dépit amoureux* of comedy.

One criticism above all can be made of *Adrien*: that Maximin is made far too villainous and Adrien too heroic. It could hardly have been very complimentary to the real Maximin, however much he hated Christians, to see himself portrayed in quite such crude colours. And Adrien's nobility is such that one could scarcely conceive of any poet not on the side of the angels writing the lines he utters, with the intention not of rendering him sympathetic, but of ridiculing him. At least one modern critic* has said that the play within the play is meant to be a parody, and the chief parts caricatures. But there is not a shred of evidence for this. It is indeed hard to realise how this particular play, with its eulogy of Christian fortitude and the lurid light it sheds on Maximin, should have been precisely the one chosen by Genest to provide entertainment for the former on the occasion of his betrothal! Here again is a lapse from verisimilitude.

* * *

The style of *Saint Genest* is very uneven: perhaps this lack of uniformity itself serves to give it charm. One must note, however, that in general Rotrou's language, typical as it is of the first half of the century, does not flow with the same ease as that of Corneille. It is full of

* E.g. K. Loukovitch (*op. cit.*).

clumsy constructions, which sometimes almost totally obscure the sense (I, iii, 132 *sqq.* and 179 *sqq.*). Not only is the language obscure and clumsy, but also some of the references (I, iii, 173 *sqq.*). Indeed, Sainte-Beuve says of these passages: 'toutes ces premières conversations ne sont que des tirades ampoulées, où la seule idée qui se développe incessamment dans une indigeste recrudescence d'images, est le contraste de l'ancienne condition de berger avec la pourpre et la gloire actuelle de Maximin.'* Indeed, a tendency to bombast and rhetoric, even to long-windedness mars some of the finest scenes of the play. Here and there, too, the text is interlarded with those sententious maxims (*sentences*) which were a common feature in contemporary playwrights (e.g. Corneille) and for which Seneca supplied the model (I, i, 71; I, ii, 199–201). Mingled with all this there are several examples of *galant* and *précieux* language which would be appreciated in their day, but which sound insipid to modern ears (e.g. the language of Dioclétien and Maximin in I, iii, esp. ll. 147 *sqq.*; cf. also II, vi, 621, 622 and IV, ii, 1059. This last example is characteristic of Rotrou's bombastic style and his love of antithesis). A certain lack of naturalness, then, must be admitted in assessing his style. Even at the great crises of the play the language has not the same simplicity and therefore seems to lack the sincerity that we find for instance in *Polyeucte*. This is true even of the *stances* in Act V which, though obviously copied from Corneille—or possibly because they are so copied—lack the depth and striking sincerity of the original.

* *Op. cit.* pp. 152, 153. [Note also the very muddling historical references which open the play in Valérie's first speech (I, i, 32): 'for having entrusted the burden of an Atlas (the Roman Empire) to an Alcides (Hercules).' This refers to Diocletian's choice of Maximian as joint Emperor in A.D. 286. He further divided his power in A.D. 292 by appointing two Cæsars, Constantius and Galerius Valerius Maximianus, the Maximin of the play, who was married by Diocletian to his daughter Valeria in the same year.]

And yet, taken as a whole, we are struck by the bold flow of the metaphors and images he employs, by the richness and freshness of his verse. In fact, there are passages remarkable for their pathos and also for their power. 'Une autre qualité poétique', says Sainte-Beuve,* 'dans le style de Rotrou, et qui lui est commune avec Corneille, qu'il a peut-être même à un degré plus évident encore, c'est le vers plein, tout d'une venue, de ces vers qui emportent la pièce. Fréquents chez Regnier, fréquents chez Molière, assez fréquents chez Corneille, plus rares chez Racine, Boileau, et dans cette école de poètes à tant d'égards excellents, ces grands vers qui se font dire *ore rotundo*, à pleine lèvre, ces vers tout eschyliens qui auraient mérité de résonner sous le masque antique, ne font faute dans Rotrou' (e.g. II, viii, 559–62; III, v, 820–2. And for lines of touching pathos, cf. 502 'Ces fruits à peine éclos, déjà mûrs pour les cieux', and ll. 593–4 'Sur un bois glorieux Qui fut moins une croix qu'une échelle des cieux').

It is noteworthy that in some respects Rotrou's language is much more direct than in *Polyeucte*. For instance, in III, ii (685, etc.) Rotrou's examples of God's omnipotence are more concrete than those used by Corneille in similar passages in *Polyeucte* (III, ii, and v, iii). (Both passages and I, ii, may be compared with St Paul's speech on Mars hill.) Again, in *Polyeucte*, possibly out of deference to the *bienséances*, the name of Christ never occurs: it does in *Saint Genest*. And finally in V, ii Marcelle's attack on Christ and the Christians is much more personal and detailed than anything in Corneille's play, with the possible exception of Stratonice's outburst on hearing of Polyeucte's conversion (III, ii).†

The style is thus a curious mixture of bombast and tenderness, of empty-sounding rhetoric and powerful

* *Op. cit.* pp. 157, 158.

† Note also in V, v, the skill with which Dioclétien's outburst is composed.

phrases, of *galanterie* and realism which well matches the variety of the characters and incidents. The effect of the play as a whole, in spite of its blemishes, is remarkably moving, and because of Rotrou's imagination as a poet, it has a freshness about it which deservedly gives it a high place among Christian plays and makes it one of the *chefs d'œuvre* of the seventeenth-century stage.

R. W. L.

MAGDALENE COLLEGE
CAMBRIDGE

November 1953

ACTEURS

DIOCLÉTIEN, *empereur*

MAXIMIN, *empereur*

VALÉRIE, *fille de Dioclétien*

CAMILLE, *suivante*

PLANCIEN, *préfet*

GENEST, *comédien*

MARCELLE, *comédienne*

OCTAVE, *comédien*

SERGESTE, *comédien*

LENTULE, *comédien*

ALBIN, *comédien*

DÉCORATEUR

GEÔLIER

ADRIEN, *représenté par Genest*

NATALIE, *par Marcelle*

FLAVIE, *par Sergeste*

MAXIMIN, *par Octave*

ANTHISME, *par Lentule*

GARDE, *par Albin*

GEÔLIER

SUITE DE SOLDATS ET GARDES

ACTE PREMIER

VALÉRIE, CAMILLE

CAMILLE. Quoi! vous ne sauriez vaincre une frayeur si
    vaine?
  Un songe, une vapeur vous causent de la peine,
  A vous sur qui le Ciel déployant ses trésors,
  Mit un si digne esprit dans un si digne corps!
VALÉRIE. Le premier des Césars apprit bien que les 5
    songes
  Ne sont pas toujours faux et toujours des mensonges;
  Et la force d'esprit dont il fut tant vanté,
  Pour l'avoir conseillé, lui coûta la clarté.*
  Le Ciel, comme il lui plaît, nous parle sans obstacle;
  S'il veut, la voix d'un songe est celle d'un oracle, 10
  Et les songes, surtout tant de fois répétés,
  Ou toujours, ou souvent, disent des vérités.
  Déjà cinq ou six nuits à ma triste pensée
  Ont de ce vil hymen la vision tracée,
  M'ont fait voir un berger avoir assez d'orgueil 15
  Pour prétendre à mon lit, qui serait mon cercueil,
  Et l'empereur, mon père, avecque violence,
  De ce présomptueux appuyer l'insolence.
  Je puis, s'il m'est permis, et si la vérité
  Dispense les enfants à quelque liberté, 20
  De sa mauvaise humeur craindre un mauvais office;
  Je connais son amour, mais je crains son caprice,
  Et vois qu'en tout rencontre il suit aveuglément
  La bouillante chaleur d'un premier mouvement.
  Sut-il considérer, pour son propre hyménée, 25
  Sous quel joug il baissait sa tête couronnée,
  Quand, empereur, il fit sa couche et son État

* I.e. 'for having advised him that dreams were false cost
him his life'.

Le prix de quelques pains qu'il emprunta soldat,
Et, par une faiblesse à nulle autre seconde,
30 S'associa ma mère à l'empire du monde?
Depuis, Rome souffrit et ne réprouva pas
Qu'il commît un Alcide au fardeau d'un Atlas,
Qu'on vît sur l'univers deux têtes souveraines,
Et que Maximien en partageât les rênes.
35 Mais pourquoi pour un seul tant de maîtres divers
Et pourquoi quatre chefs au corps de l'univers?
Le choix de Maximin et celui de Constance
Étaient-ils à l'État de si grande importance
Qu'il en dût recevoir beaucoup de fermeté,
40 Et ne pût subsister sans leur autorité?
Tous deux différemment altèrent sa mémoire,
L'un par sa nonchalance, et l'autre par sa gloire.
Maximin, achevant tant de gestes guerriers,
Semble au front de mon père en voler les lauriers;
45 Et Constance, souffrant qu'un ennemi l'affronte,
Dessus son même front en imprime la honte.
Ainsi, ni dans son bon, ni dans son mauvais choix
D'un conseil raisonnable il n'a suivi les lois,
Et, déterminant tout au gré de son caprice,
50 N'en prévoit le succès ni craint le préjudice.
CAMILLE. Vous prenez trop l'alarme, et ce raisonnement
N'est point à votre crainte un juste fondement.
Quand Dioclétien éleva votre mère
Au degré le plus haut que l'univers révère,
55 Son rang, qu'il partageait, n'en devint point plus bas,
Et, l'y faisant monter, il n'en descendit pas;
Il put concilier son honneur et sa flamme,
Et, choisi par les siens, se choisir une femme.
Quelques associés qui règnent avec lui,
60 Il est de ses États le plus solide appui:
S'ils sont les matelots de cette grande flotte,
Il en tient le timon, il en est le pilote,
Et ne les associe à des emplois si hauts
Que pour voir des Césars au rang de ses vassaux.
65 Voyez comme un fantôme, un songe, une chimère,

Vous fait mal expliquer les mouvements d'un père,
Et qu'un trouble importun vous naît mal à propos
D'où doit si justement naître votre repos.
VALÉRIE. Je ne m'obstine point d'un effort volontaire
Contre tes sentiments en faveur de mon père,   70
Et contre un père, enfin, l'enfant a toujours tort.*
Mais me répondras-tu des caprices du sort?
Ce monarque insolent, à qui toute la terre
Et tous ses souverains sont des jouets de verre,
Prescrit-il son pouvoir? et, quand il en est las,   75
Comme il les a formés, ne les brise-t-il pas?
Peut-il pas, s'il me veut dans un état vulgaire,
Mettre la fille au point dont il tira la mère,
Détruire ses faveurs par sa légèreté,
Et de mon songe, enfin, faire une vérité?   80
Il est vrai que la mort, contre son inconstance,
Aux grands cœurs, au besoin, offre son assistance,
Et peut toujours braver son pouvoir insolent;
Mais, si c'est un remède, il est bien violent.
CAMILLE. La mort a trop d'horreur pour espérer en   85
   elle;†
Mais espérez au Ciel, qui vous a fait si belle,
Et qui semble influer‡ avecque la beauté
Des marques de puissance et de prospérité.

SCÈNE II

UN PAGE, VALÉRIE, CAMILLE

LE PAGE. Madame...
VALÉRIE.   Que veux-tu?
LE PAGE.   L'empereur, qui m'envoie,
   Sur mes pas avec vous vient partager sa joie.   90
VALÉRIE. Quelle?
LE PAGE.   L'ignorez-vous? Maximin, de retour

---

   * A sententious expression, typical of the time.
   † I.e. 'pour qu'on espère en elle'.
   ‡ Lit. 'to cause to flow into', i.e. 'to bestow'.

Des pays reculés où se lève le jour,
De leurs rébellions, par son bras étouffées,
Aux pieds de l'empereur apporte les trophées,
95 Et de là se dispose à l'honneur de vous voir.

(*Il s'en va*)

CAMILLE.   Sa valeur vous oblige à le bien recevoir.
Ne lui retenez pas le fruit de sa victoire:
Le plus grand des larcins est celui de la gloire.
VALÉRIE.   Mon esprit, agité d'un secret mouvement,
100 De cette émotion chérit le sentiment;
Et cet heur inconnu, qui flatte ma pensée,
Dissipe ma frayeur et l'a presque effacée.
Laissons notre conduite à la bonté des dieux.

(*Voyant Maximin*)

O ciel! qu'un doux travail m'entre au cœur par les yeux!

Scène III

DIOCLÉTIEN, MAXIMIN, VALÉRIE, CAMILLE,
PLANCIEN, GARDES, SOLDATS

(*Il se fait un bruit de tambours et de trompettes*)
(*Maximin baise les mains de Valérie*)

105 DIOCLÉTIEN.   Déployez, Valérie, et vos traits et vos
       charmes;
Au vainqueur d'Orient faites tomber les armes;
Par lui l'empire est calme et n'a plus d'ennemis.
Soumettez ce grand cœur qui nous a tout soumis;
Chargez de fers un bras fatal à tant de têtes,
110 Et faites sa prison le prix de ses conquêtes.
Déjà par ses exploits il avait mérité
La part que je lui fis de mon autorité;
Et sa haute vertu, réparant sa naissance,
Lui fit sur mes sujets partager ma puissance.
115 Aujourd'hui que, pour prix des pertes de son sang,
Je ne puis l'honorer d'un plus illustre rang,

Je lui dois mon sang même, et, lui donnant ma fille,
Lui fais part de mes droits sur ma propre famille.
Ce présent, Maximin, est encore au-dessous
Du service important que j'ai reçu de vous;   120
Mais, pour faire vos prix égaux à vos mérites,
La terre trouverait ses bornes trop petites;
Et vous avez rendu mon pouvoir impuissant,
Et restreint envers vous ma force en l'accroissant.

MAXIMIN. La part que vos bontés m'ont fait prendre en   125
   l'empire
N'égale point, Seigneur, ces beaux fers où j'aspire.
Tous les arcs triomphants que Rome m'a dressés
Cèdent à la prison que vous me bâtissez;
Et, de victorieux des bords que l'Inde lave,
J'accepte, plus content, la qualité d'esclave,   130
Que, dépouillant ce corps, vous ne prendrez aux cieux
Le rang par vos vertus acquis entre les dieux:*
Mais oser concevoir cette insolente audace
Est plutôt mériter son mépris que sa grâce,
Et, quoi qu'ait fait ce bras, il ne m'a point acquis   135
Ni ces titres fameux, ni ce renom exquis
Qui des extractions† effacent la mémoire
Quand à sa vertu seule il faut devoir sa gloire.
Quelque insigne avantage et quelque illustre rang
Dont vous ayez couvert le défaut de mon sang,   140
Quoi que l'on dissimule, on pourra toujours dire
Qu'un berger est assis au trône de l'empire,
Qu'autrefois mes palais ont été des hameaux,
Que qui gouverne Rome a conduit des troupeaux,
Que pour prendre le fer j'ai quitté la houlette,   145

---

* A very clumsy sentence. 'From being victorious over the
shores washed by the Indus, I accept the condition of slave all
the more readily, seeing that you will not, having shaken off
this mortal coil, assume in heaven the rank earned by your
virtues among the gods.' *Que* follows *plus content* of the preceding line. *Pas* is omitted after *ne prendrez* in accordance with
a common seventeenth-century use.

  † *Extractions* = 'lowly birth'. Rotrou is full of plural
abstract nouns.

Et qu'enfin votre ouvrage est une œuvre imparfaite.
Puis-je, avec ce défaut non encor réparé,
M'approcher d'un objet digne d'être adoré,
Espérer de ses vœux les glorieuses marques,
150 Prétendre d'étouffer l'espoir de cent monarques,
Passer ma propre attente, et me faire des dieux,
Sinon des ennemis, au moins des envieux?*
DIOCLÉTIEN. Suffit que c'est mon choix, et que j'ai connaissance
Et de votre personne et de votre naissance,
155 Et que, si l'une enfin n'admet un rang si haut,
L'autre par sa vertu répare son défaut,
Supplée à la nature, élève sa bassesse,
Se reproduit soi-même et forme sa noblesse.
A combien de bergers les Grecs et les Romains
160 Ont-ils pour leur vertu vu des sceptres aux mains?
L'histoire, des grands cœurs la plus chère espérance,
Que le temps traite seule avecque révérence,
Qui, ne redoutant rien, ne peut rien respecter,
Qui se produit sans fard et parle sans flatter,
165 N'a-t-elle pas cent fois publié la louange
De gens que leur mérite a tirés de la fange,
Qui par leur industrie ont leurs noms éclaircis,
Et sont montés au rang où nous sommes assis?
Cyrus, Sémiramis, sa fameuse adversaire,
170 Noms qu'encore aujourd'hui la mémoire révère,
Lycaste, Parrasie, et mille autres divers,
Qui dans les premiers temps ont régi l'univers;
Et récemment encor, dans Rome, Vitellie,
Gordien, Pertinax, Macrin, Probe, Aurélie,
175 N'y sont-ils pas montés, et fait de mêmes mains
Des règles aux troupeaux et des lois aux humains?†
Et moi-même, enfin, moi, qui, de naissance obscure,

---

* Note the galant language used by Dioclétien and Maximin.

† These references, mainly obscure and unworthy of comment, are merely a rhetorical device to show that there was precedent for men of lowly degree attaining great positions.

Dois mon sceptre à moi-même et rien à la nature,
N'ai-je pas lieu de croire, en cet illustre rang,
Le mérite dans l'homme et non pas dans le sang,   180
D'avoir à qui l'accroît fait part de ma puissance,
Et choisi la personne, et non pas la naissance?*
   (*A Valérie*)
Vous, cher fruit de mon lit, beau prix de ses exploits,
Si ce front n'est menteur, vous approuvez mon choix,
Et tout ce que l'amour pour marque d'allégresse   185
Sur le front d'une fille amante, mais princesse,
Y fait voir sagement que mon élection
Se trouve un digne objet de votre passion.
VALÉRIE. Ce choix étant si rare, et venant de mon père,
Mon goût serait mauvais s'il s'y trouvait contraire.   190
Oui, Seigneur, je l'approuve, et bénis le destin
D'un heureux accident que j'ai craint ce matin.
   (*Se tournant vers Camille*)
Mon songe est expliqué: j'épouse en ce grand homme
Un berger, il est vrai, mais qui commande à Rome.
Le songe m'effrayait, et j'en chéris l'effet,   195
Et ce qui fut ma peur est enfin mon souhait.
MAXIMIN, *lui baisant la main*. O favorable arrêt, qui me
   comble de gloire,
Et fait de ma prison ma plus digne victoire!
CAMILLE. Ainsi souvent le Ciel conduit tout à tel point
Que ce qu'on craint arrive, et qu'il n'afflige point,   200
Et que ce qu'on redoute est enfin ce qu'on aime.†

---

* This sentence is difficult to construe. It probably means:
'Have I not reason to think that in this matter of noble rank
merit lies in the man and not in his blood, seeing that I have
shared my power with him who increases it (Maximin) and
have chosen his person and not his birth?'
  † Another characteristic *sentence*.

Scène IV

UN PAGE, DIOCLÉTIEN, MAXIMIN, VALÉRIE,
CAMILLE, PLANCIEN, GARDES, SOLDATS

LE PAGE.   Genest attend, Seigneur, dans un désir
    extrême,
De s'acquitter des vœux dus à Vos Majestés.

                                        (*Il sort*)

DIOCLÉTIEN. Qu'il entre.

CAMILLE, *à Valérie*.   Il manquait seul à vos pros-
    pérités;

205 Et, quel que soit votre heur, son art, pour le parfaire,
Semble en quelque façon vous être nécessaire.
Madame, obtenez-nous ce divertissement
Que vous même estimez et trouvez si charmant.

Scène V

GENEST, DIOCLÉTIEN, MAXIMIN, VALÉRIE,
CAMILLE, PLANCIEN, GARDES, SOLDATS

GENEST. Si parmi vos sujets une abjecte fortune

210 Permet de partager l'allégresse commune,
Et de contribuer, en ces communs désirs,
Sinon à votre gloire, au moins à vos plaisirs,
Ne désapprouvez pas, ô généreux monarques,
Que notre affection vous produise ses marques,

215 Et que mes compagnons vous offrent par ma voix,
Non des tableaux parlants de vos rares exploits,
Non cette si célèbre et si fameuse histoire
Que vos heureux succès laissent à la mémoire
(Puisque le peuple grec, non plus que le romain,

220 N'a point pour les tromper une assez docte main),
Mais quelque effort au moins par qui nous puissions
    dire
Vous avoir délassés du grand faix de l'empire,

Et, par ce que notre art aura de plus charmant,
Avoir à vos grands soins ravi quelque moment.
DIOCLÉTIEN. Genest, ton soin m'oblige, et la cérémonie 225
Du beau jour où ma fille à ce prince est unie,
Et qui met notre joie en un degré si haut,
Sans un trait de ton art aurait quelque défaut.
Le théâtre aujourd'hui, fameux par ton mérite,
A ce noble plaisir puissamment sollicite,   230
Et dans l'état qu'il est ne peut, sans être ingrat,
Nier de te devoir son plus brillant éclat :
Avec confusion j'ai vu cent fois tes feintes
Me livrer malgré moi de sensibles atteintes ;
En cent sujets divers, suivant tes mouvements,   235
J'ai reçu de tes feux de vrais ressentiments ;*
Et l'empire absolu que tu prends sur une âme
M'a fait cent fois de glace et cent autres de flamme.
Par ton art les héros, plutôt ressuscités
Qu'imités en effet et que représentés,   240
Des cent et des mille ans après leurs funérailles,
Font encor des progrès, et gagnent des batailles,
Et sous leurs noms fameux établissent des lois :
Tu me fais en toi seul maître de mille rois.
Le comique, où ton art également succède,   245
Est contre la tristesse un si présent remède
Qu'un seul mot, quand tu veux, un pas, une action
Ne laisse plus de prise à cette passion,
Et, par une soudaine et sensible merveille,
Jette la joie au cœur par l'œil ou par l'oreille.   250
GENEST. Cette gloire, Seigneur, me confond à tel
    point…
DIOCLÉTIEN. Crois qu'elle est légitime, et ne t'en
    défends point.
Mais passons aux auteurs, et dis-nous quel ouvrage
Aujourd'hui dans la scène a le plus haut suffrage,
Quelle plume est en règne, et quel fameux esprit   255
S'est acquis dans le cirque un plus juste crédit.

---

* *Ressentiments* = 'feelings'. In modern French *ressentiment*
has only the meaning of 'resentment'.

GENEST. Les goûts sont différents, et souvent le caprice
Établit ce crédit bien plus que la justice.

DIOCLÉTIEN. Mais, entre autres encor, qui l'emporte,
en ton sens?

260 GENEST. Mon goût, à dire vrai, n'est point pour les
récents:
De trois ou quatre au plus peut-être la mémoire
Jusqu'aux siècles futurs conservera la gloire;
Mais de les égaler à ces fameux auteurs
Dont les derniers des temps seront adorateurs,

265 Et de voir leurs travaux avec la révérence
Dont je vois les écrits d'un Plaute et d'un Térence,
Et de ces doctes Grecs, dont les rares brillants
Font qu'ils vivent encor si beaux après mille ans,
Et dont l'estime enfin ne peut être effacée,

270 Ce serait vous mentir et trahir ma pensée.
DIOCLÉTIEN. Je sais qu'en leurs écrits l'art et l'invention
Sans doute ont mis la scène en sa perfection;
Mais ce que l'on a vu n'a plus la douce amorce
Ni le vif aiguillon dont la nouveauté force;

275 Et ce qui surprendra nos esprits et nos yeux,
Quoique moins achevé, nous divertira mieux.
GENEST. Nos plus nouveaux sujets, les plus dignes de
Rome,
Et les plus grands efforts des veilles d'un grand
homme,*
A qui les rares fruits† que la muse produit

280 Ont acquis dans la scène un légitime bruit,
Et de qui certes l'art comme l'estime est juste,
Portent les noms fameux de Pompée et d'Auguste;‡
Ces poèmes sans prix, où son illustre main
D'un pinceau sans pareil a peint l'esprit romain,

---

* P. Corneille.
† Scantiness of production is hardly what we associate with
Corneille, who at this date had already written many of his
masterpieces. But his output was small compared with that of
Rotrou!
‡ *Pompée* (1643–4); *Cinna, ou la Clémence d'Auguste* (1640).

Rendront de leurs beautés votre oreille idolâtre,   285
Et sont aujourd'hui l'âme et l'amour du théâtre.
VALÉRIE. J'ai su la haute estime où l'on les a tenus;
Mais leurs sujets enfin sont des sujets connus;
Et quoi qu'ils aient de beau, la plus rare merveille,
Quand l'esprit la connaît, ne surprend plus l'oreille.   290
Ton art est toujours même, et tes charmes égaux,
Aux sujets anciens aussi bien qu'aux nouveaux;
Mais on vante surtout l'inimitable adresse
Dont tu feins d'un chrétien le zèle et l'allégresse,
Quand, le voyant marcher du baptême au trépas,   295
Il semble que les feux soient des fleurs sous tes pas.
MAXIMIN. L'épreuve en est aisée.
GENEST.   Elle sera sans peine,
Si votre nom, Seigneur, nous est libre en la scène;
Et la mort d'Adrien, l'un de ces obstinés,
Par vos derniers arrêts naguère condamnés,   300
Vous sera figurée avec un art extrême,
Et si peu différent de la vérité même,
Que vous nous avoûrez de cette liberté
Où César à César sera représenté,
Et que vous douterez si, dans Nicomédie,   305
Vous verrez l'effet même ou bien la comédie.
MAXIMIN. Oui, crois qu'avec plaisir je serai spectateur
En la même action dont je serai l'acteur.
Va, prépare un effort digne de la journée
Où le Ciel, m'honorant d'un si juste hyménée,   310
Met, par une aventure incroyable aux neveux,
Mon bonheur et ma gloire au-dessus de mes vœux.

ACTE DEUXIÈME

SCÈNE I (*Le théâtre s'ouvre*)

GENEST, *s'habillant, et tenant son rôle, considère le théâtre, et dit au décorateur*; LE DÉCORATEUR

GENEST. Il est beau; mais encore, avec peu de dépense,
Vous pouviez ajouter à sa magnificence,
315 N'y laisser rien d'aveugle, y mettre plus de jour,
Donner plus de hauteur aux travaux d'alentour,
En marbrer les dehors, en jasper les colonnes,
Enrichir leurs tympans, leurs cimes, leurs couronnes,
Mettre en vos coloris plus de diversité,
320 En vos carnations plus de vivacité,
Draper mieux ces habits, reculer ces paysages,
Y lancer des jets d'eau, renfondrer* leurs ombrages,
Et surtout en la toile où vous peignez vos cieux
Faire un jour naturel au jugement des yeux,
325 Au lieu que la couleur m'en semble un peu meurtrie.
LE DÉCORATEUR. Le temps nous a manqué plutôt que
l'industrie;
Joint qu'on voit mieux de loin ces raccourcissements,
Ces corps sortant du plan de ces refondrements;
L'approche à ces dessins ôte leurs perspectives,
330 En confond les faux jours, rend leurs couleurs moins
vives,
Et, comme à la nature, est nuisible à notre art
A qui l'éloignement semble apporter du fard:
La grâce une autre fois y sera plus entière.
GENEST. Le temps nous presse; allez, préparez la
lumière.   (*Le Décorateur sort*)

  * *Renfondrer*, antiquated for *renfoncer* = 'deepen'.

Scène II

GENEST *seul, se promenant, et lisant son rôle, dit comme*
en repassant, et achevant de s'habiller

'Ne délibère plus, Adrien, il est temps   335
'De suivre avec ardeur ces fameux combattants:
'Si la gloire te plaît, l'occasion est belle;
'La querelle* du ciel à ce combat t'appelle;
'La torture, le fer et la flamme t'attend;
'Offre à leurs cruautés un cœur ferme et constant;   340
'Laisse à de lâches cœurs verser d'indignes larmes,
'Tendre aux tyrans les mains et mettre bas les armes;
'Toi, rends la gorge au fer, vois-en couler ton sang,
'Et meurs sans t'ébranler, debout et dans ton rang.
          (*Il répète encore ces quatre derniers vers*)
'Laisse à de lâches cœurs verser d'indignes larmes,   345
'Tendre aux tyrans les mains et mettre bas les armes;
'Toi, rends la gorge au fer, vois-en couler ton sang,
'Et meurs sans t'ébranler, debout et dans ton rang.'

Scène III

MARCELLE, *achevant de s'habiller, et tenant*
son rôle; GENEST

MARCELLE. Dieux! comment en ce lieu faire la comédie?
  De combien d'importuns j'ai la tête étourdie!   350
  Combien, à les ouïr, je fais de languissants!
  Par combien d'attentats j'entreprends sur les sens!†
  Ma voix rendrait les bois et les rochers sensibles;
  Mes plus simples regards sont des meurtres visibles;
  Je foule autant de cœurs que je marche de pas;   355
  La troupe, en me perdant, perdrait tous ses appas.

  * *Querelle* = 'cause'.
  † Lit. = 'With how many attempts I encroach on their
senses!'

Enfin, s'ils disent vrai, j'ai lieu d'être bien vaine.
De ces faux courtisans toute ma loge est pleine;
Et, lasse au dernier point d'entendre leurs douceurs,
360 Je les en ai laissés absolus possesseurs.
Je crains plus que la mort cette engeance idolâtre
De lutins importuns qu'engendre le théâtre,
Et que la qualité de la profession
Nous oblige à souffrir avec discrétion.*

365 GENEST. Outre le vieil usage où nous trouvons le monde,
Les vanités encor dont votre sexe abonde
Vous font avec plaisir supporter cet ennui,
Par qui tout votre temps devient le temps d'autrui.
Avez-vous repassé cet endroit pathétique
370 Où Flavie en sortant vous donne la réplique,
Et vous souvenez-vous qu'il s'y faut exciter?

MARCELLE, *lui baillant son rôle.* J'en prendrais votre avis,
    oyez-moi réciter:
        (*Elle répète*)
'J'ose à présent, ô Ciel, d'une vue assurée,
'Contempler les brillants de ta voûte azurée,
375 'Et nier ces faux dieux, qui n'ont jamais foulé
'De ce palais roulant le lambris étoilé.†
'A ton pouvoir, Seigneur, mon époux rend hommage;
'Il professe ta foi, ses fers t'en sont un gage;
'Ce redoutable fléau des dieux sur les chrétiens,
380 'Ce lion altéré du sacré sang des tiens,
'Qui de tant d'innocents crut la mort légitime,
'De ministre qu'il fut, s'offre enfin pour victime,
'Et, patient agneau, tend à tes ennemis
'Un col à ton saint joug heureusement soumis.'

385 GENEST. Outre que dans la cour que vous avez charmée
On sait que votre estime est assez confirmée,

---

* All this is an interesting side-light on a professional troupe
of actors, and may be compared with certain incidents in
Scarron's *Le Roman comique.*
† An absurd and far-fetched phrase which = 'have never
trodden the starry ceiling of this revolving palace (the earth)'.
It is indeed difficult to tread on a ceiling!

Ce récit me surprend, et vous peut acquérir
Un renom au théâtre à ne jamais mourir.
MARCELLE. Vous m'en croyez bien plus que je ne m'en
    présume.
GENEST. La cour viendra bientôt; commandez qu'on 390
    allume.   (*Elle rentre*)

SCÈNE IV

GENEST *seul, repassant son rôle, et se promenant*

GENEST. 'Il serait, Adrien, honteux d'être vaincu;
'Si ton Dieu veut ta mort, c'est déjà trop vécu.
'J'ai vu, Ciel, tu le sais par le nombre des âmes
'Que j'osai t'envoyer par des chemins de flammes,
'Dessus les grils ardents, et dedans les taureaux,   395
'Chanter les condamnés et trembler les bourreaux.
        (*Il répète ces quatre vers*)
'J'ai vu, Ciel, tu le sais par le nombre des âmes
'Que j'osai t'envoyer par des chemins de flammes,
'Dessus les grils ardents, et dedans les taureaux,
'Chanter les condamnés et trembler les bourreaux.'   400
    (*Et puis, ayant un peu rêvé, et ne regardant plus son
                    rôle, il dit*)
Dieux, prenez contre moi ma défense et la vôtre;
D'effet comme de nom je me trouve être un autre;
Je feins moins Adrien que je ne le deviens,
Et prends avec son nom des sentiments chrétiens.
Je sais, pour l'éprouver, que par un long étude   405
L'art de nous transformer nous passe en habitude;
Mais il semble qu'ici des vérités sans fard
Passent et l'habitude et la force de l'art,
Et que Christ me propose une gloire éternelle
Contre qui ma défense est vaine et criminelle;   410
J'ai pour suspects vos noms de dieux et d'immortels,
Je répugne aux respects qu'on rend à vos autels;
Mon esprit, à vos lois secrètement rebelle,
En conçoit un mépris qui fait mourir son zèle,

415 Et, comme de profane enfin sanctifié,
     Semble se déclarer pour un crucifié.*
     Mais où va ma pensée, et par quel privilège
     Presque insensiblement passé-je au sacrilège,
     Et du pouvoir des dieux perds-je le souvenir?
420 Il s'agit d'imiter et non de devenir.

          (*Le ciel s'ouvre avec des flammes, et une voix
                s'entend, qui dit*)

    UNE VOIX. Poursuis, Genest, ton personnage;
          Tu n'imiteras point en vain;
     Ton salut ne dépend que d'un peu de courage,
          Et Dieu t'y prêtera la main.

425 GENEST, *étonné, continue.* Qu'entends-je, juste Ciel, et
     par quelle merveille,
     Pour me toucher le cœur, me frappes-tu l'oreille?
     Souffle doux et sacré qui me viens enflammer,
     Esprit saint et divin qui me viens animer,
     Et qui, me souhaitant, m'inspires le courage,
430 Travaille à mon salut, achève ton ouvrage,
     Guide mes pas douteux dans le chemin des cieux,
     Et pour me les ouvrir dessille-moi les yeux.
     Mais, ô vaine créance et frivole pensée,
     Que du ciel cette voix me doive être adressée!
435 Quelqu'un, s'apercevant du caprice où j'étois,†
     S'est voulu divertir par cette feinte voix,
     Qui d'un si prompt effet m'excite tant de flamme,
     Et qui m'a pénétré jusqu'au profond de l'âme.
     Prenez, dieux, contre Christ, prenez votre parti,
440 Dont ce rebelle cœur s'est presque départi;
     Et toi contre les dieux, ô Christ, prends ta défense,
     Puisqu'à tes lois ce cœur fait encor résistance,
     Et dans l'onde agitée où flottent mes esprits
     Terminez votre guerre, et m'en faites le prix.
445 Rendez-moi le repos dont ce trouble me prive.

---

    * 'And (my spirit) at last sanctified after having been profane seems to declare itself for one who was crucified.'

    † The termination *-ois* for *-ais* has in this instance been kept in order to preserve the rhyme with *voix*.

SCÈNE V

Le Décorateur, *venant allumer les chandelles*, Genest

LE DÉCORATEUR. Hâtez-vous, il est temps; toute la cour
  arrive.

GENEST. Allons, tu m'as distrait d'un rôle glorieux
  Que je représentais devant la cour des cieux,
  Et de qui l'action m'est d'importance extrême,
  Et n'a pas un objet moindre que le ciel même.   450
  Préparons la musique, et laissons-les placer.

LE DÉCORATEUR, *s'en allant, ayant allumé.* Il repassait
  son rôle et s'y veut surpasser.

(Ils sortent)*

SCÈNE VI

Dioclétien, Maximin, Valérie, Camille,
Plancien, suite de soldats, gardes

VALÉRIE. Mon goût, quoi qu'il en soit, est pour la
  tragédie:
  L'objet en est plus haut, l'action plus hardie,
  Et les pensers pompeux et pleins de majesté   455
  Lui donnent plus de poids et plus d'autorité.

MAXIMIN. Elle l'emporte enfin par les illustres marques
  D'exemple des héros, d'ornement des monarques,
  De règle et de mesure à leurs affections,
  Par ses événements et par ses actions.   460

PLANCIEN. Le théâtre aujourd'hui, superbe en sa
  structure,
  Admirable en son art, et riche en sa peinture,
  Promet pour le sujet de mêmes qualités.

MAXIMIN. Les effets en sont beaux, s'ils sont bien
  imités.
  Vous verrez un des miens, d'une insolente audace,   465
  Au mépris de la part qu'il s'acquit en ma grâce,

---

  * There is no *liaison* between these scenes.

Au mépris de ses jours, au mépris de nos dieux,
Affronter le pouvoir de la terre et des cieux,
Et faire à mon amour succéder tant de haine
470 Que, bien loin d'en souffrir le spectacle avec peine,
Je verrai d'un esprit tranquille et satisfait
De son zèle obstiné le déplorable effet,
Et remourir ce traître après sa sépulture,
Sinon en sa personne, au moins en sa figure.
475 DIOCLÉTIEN. Pour le bien figurer, Genest n'oubliera
rien:
Écoutons seulement et trêve à l'entretien.

(*Une voix chante avec un luth*)
(*La pièce commence*)

SCÈNE VII

GENEST *seul sur le théâtre élevé*, DIOCLÉTIEN,
MAXIMIN, VALÉRIE, CAMILLE, PLANCIEN,
GARDES, *assis*, SUITE DE SOLDATS

GENEST, *sous le nom d'*ADRIEN. Ne délibère plus, Adrien,
il est temps
De suivre avec ardeur ces fameux combattants:
Si la gloire te plaît, l'occasion est belle;
480 La querelle du ciel à ce combat t'appelle;
La torture, le fer et la flamme t'attend;
Offre à leurs cruautés un cœur ferme et constant;
Laisse à de lâches cœurs verser d'indignes larmes,
Tendre aux tyrans les mains et mettre bas les armes;
485 Toi, rends la gorge au fer, vois-en couler ton sang,
Et meurs sans t'ébranler, debout et dans ton rang.
La faveur de César, qu'un peuple entier t'envie,
Ne peut durer au plus que le cours de sa vie;
De celle de ton Dieu, non plus que de ses jours,
490 Jamais nul accident ne bornera le cours:
Déjà de ce tyran la puissance irritée,
Si ton zèle te dure, a ta perte arrêtée.

Il serait, Adrien, honteux d'être vaincu;
Si ton Dieu veut ta mort, c'est déjà trop vécu.
J'ai vu, Ciel, tu le sais par le nombre des âmes   495
Que j'osai t'envoyer par des chemins de flammes,
Dessus les grils ardents, et dedans les taureaux,
Chanter les condamnés et trembler les bourreaux;
J'ai vu tendre aux enfants une gorge assurée
A la sanglante mort qu'ils voyaient préparée,   500
Et tomber sous le coup d'un trépas glorieux
Ces fruits à peine éclos, déjà mûrs pour les cieux.
J'en ai vu que le temps prescrit par la nature
Était près de pousser dedans la sépulture,
Dessus les échafauds presser ce dernier pas,   505
Et d'un jeune courage affronter le trépas.
J'ai vu mille beautés en la fleur de leur âge,
A qui, jusqu'aux tyrans, chacun rendait hommage,
Voir avecque plaisir meurtris et déchirés
Leurs membres précieux de tant d'yeux adorés.   510
Vous l'avez vu, mes yeux, et vous craindriez sans honte
Ce que tout sexe brave et que tout âge affronte!
Cette vigueur peut-être est un effort humain?
Non, non, cette vertu, Seigneur, vient de ta main;
L'âme la puise au lieu de sa propre origine,   515
Et, comme les effets, la source en est divine.
C'est du ciel que me vient cette noble vigueur
Qui me fait des tourments mépriser la rigueur,
Qui me fait défier les puissances humaines,
Et qui fait que mon sang se déplaît dans mes veines,   520
Qu'il brûle d'arroser cet arbre précieux*
Où pend pour nous le fruit le plus chéri des cieux.
J'ai peine à concevoir ce changement extrême,
Et sens que, différent et plus fort que moi-même,
J'ignore toute crainte, et puis voir sans terreur   525
La face de la mort en sa plus noire horreur.
Un seul bien que je perds, la seule Natalie,
Qu'à mon sort un saint joug heureusement allie,

* The Cross.

Et qui de ce saint zèle ignore le secret,
530 Parmi tant de ferveur mêle quelque regret.
Mais que j'ai peu de cœur, si ce penser me touche!
Si proche de la mort, j'ai l'amour en la bouche!

Scène VIII

Flavie, *tribun, représenté par* Sergeste, *comédien*;
Adrien; deux gardes

flavie. Je crois, cher Adrien, que vous n'ignorez pas
Quel important sujet adresse ici mes pas;
535 Toute la cour en trouble attend d'être éclaircie
D'un bruit dont au palais votre estime est noircie,
Et que vous confirmez par votre éloignement.
Chacun selon son sens en croit diversement:
Les uns, que pour railler cette erreur s'est semée,
540 D'autres, que quelque sort a votre âme charmée,*
D'autres, que le venin de ces lieux infectés
Contre votre raison a vos sens révoltés;
Mais surtout de César la croyance incertaine
Ne peut où s'arrêter, ni s'asseoir qu'avec peine.†
545 adrien. A qui dois-je le bien de m'avoir dénoncé?
flavie. Nous étions au palais, où César empressé
De grand nombre des siens, qui lui vantaient leur zèle
A mourir pour les dieux ou venger leur querelle;
'Adrien, a-t-il dit, d'un visage remis,
550 'Adrien leur suffit contre tant d'ennemis:
'Seul contre ces mutins il soutiendra leur cause;
'Sur son unique soin mon esprit se repose:
'Voyant le peu d'effet que la rigueur produit,
'Laissons éprouver l'art où la force est sans fruit;

---

* 'A charmé votre âme.'

† The meaning of these two lines is clear, but the construction is obscure and clumsy: Cæsar, uncertain what to believe, is ill at ease. The first *ni* after *ne peut* has been ousted by *où* which introduces the infinitive.

'Leur obstination s'irrite par les peines;   555
'Il est plus de captifs que de fers et de chaînes;
'Les cachots trop étroits ne les contiennent pas;
'Les haches et les croix sont lasses de trépas;
'La mort, pour la trop voir, ne leur est plus sauvage;
'Pour trop agir contre eux, le feu perd son usage;   560
'En ces horreurs enfin le cœur manque aux bourreaux,
'Aux juges la constance, aux mourants les travaux.*
'La douceur est souvent une invincible amorce
'A ces cœurs obstinés, qu'on aigrit par la force.'
Titien, à ces mots, dans la salle rendu,   565
'Ha! s'est-il écrié, César, tout est perdu.'
La frayeur à ce cri par nos veines s'étale;
Un murmure confus se répand dans la salle:
'Qu'est-ce? a dit l'empereur, interdit et troublé.
'Le ciel s'est-il ouvert? le monde a-t-il tremblé?   570
'Quelque foudre lancé menace-t-il ma tête?
'Rome d'un étranger est-elle la conquête?
'Ou quelque embrasement consume-t-il ces lieux?'
'—Adrien, a-t-il dit, pour Christ renonce aux dieux.'†
ADRIEN.   Oui, sans doute, et de plus à César, à moi- 575
    même,
Et soumets‡ tout, Seigneur, à ton pouvoir suprême.
FLAVIE.   Maximin, à ce mot, furieux, l'œil ardent,
Signes avant-coureurs d'un funeste accident,
Pâlit, frappe du pied, frémit, déteste,§ tonne,
Comme désespéré, ne connaît plus personne,   580
Et nous fait voir au vif le geste et la couleur
D'un homme transporté d'amour et de douleur.
Et j'entends Adrien vanter encor son crime!
De César, de son maître, il paie ainsi l'estime,
Et reconnaît si mal qui lui veut tant de bien!   585

---

* 'Torments.'
    † N.B. the dramatic as well as the rhetorical quality of these lines of Flavie.
    ‡ The pronoun *je* is omitted.
    § *Déteste* here = 'curses'. All this description is hardly flattering to the real Maximin who is among the audience!

ADRIEN. Qu'il cesse de m'aimer, ou qu'il m'aime
chrétien.*

FLAVIE. Les dieux, dont comme nous les monarques
dépendent,

Ne le permettent pas, et les lois le défendent.

ADRIEN. C'est le Dieu que je sers qui fait régner les
rois,

590 Et qui fait que la terre en révère les lois.

FLAVIE. Sa mort sur un gibet marque son impuissance.

ADRIEN. Dites mieux, son amour et son obéissance.

FLAVIE. Sur une croix enfin...

ADRIEN.   Sur un bois glorieux,

Qui fut moins une croix qu'une échelle des cieux.

595 FLAVIE. Mais ce genre de mort ne pouvait être pire.

ADRIEN. Mais, mourant, de la mort il détruisit l'empire.

FLAVIE. L'auteur de l'univers entrer dans un cercueil!

ADRIEN. Tout l'univers aussi s'en vit tendu de deuil,

Et le ciel effrayé cacha ses luminaires.

600 FLAVIE. Si vous vous repaissez de ces vaines chimères,

Ce mépris de nos dieux et de votre devoir

En l'esprit de César détruira votre espoir.

ADRIEN. César m'abandonnant, Christ est mon as-
surance;

C'est l'espoir des mortels dépouillés d'espérance.

605 FLAVIE. Il vous peut même ôter vos biens si précieux.

ADRIEN. J'en serai plus léger pour monter dans les
cieux.

FLAVIE. L'indigence est à l'homme un monstre
redoutable.

ADRIEN. Christ, qui fut homme et Dieu, naquit dans
une étable.

Je méprise vos biens et leur fausse douceur,

610 Dont on est possédé plutôt que possesseur.

FLAVIE. Sa piété l'oblige, autant que sa justice,

A faire des chrétiens un égal sacrifice.

---

* Note the swift dialogue of repartee (stichomythia) which
is common in Corneille, and is also to be found in Racine (e.g.
Britannicus III, viii). It occurs again in ll. 1599–1604.

ADRIEN. Qu'il fasse, il tarde trop.

FLAVIE.   Que votre repentir...

ADRIEN. Non, non, mon sang, Flavie, est tout prêt à
  sortir.

FLAVIE. Si vous vous obstinez, votre perte est certaine. 615

ADRIEN. L'attente m'en est douce, et la menace vaine.

FLAVIE. Quoi! vous n'ouvrirez point l'oreille à mes avis,
  Aux soupirs de la cour, aux vœux de vos amis,
  A l'amour de César, aux cris de Natalie,
  A qui si récemment un si beau nœud vous lie?   620
  Et vous voudriez souffrir que dans cet accident
  Ce soleil de beauté trouvât son occident?*
  A peine, depuis l'heure à ce nœud destinée,
  A-t-elle vu flamber les torches d'hyménée:
  Encor si† quelque fruit de vos chastes amours   625
  Devait après la mort perpétuer vos jours!
  Mais vous voulez mourir avecque la disgrâce
  D'éteindre votre nom avecque votre race,
  Et, suivant la fureur d'un aveugle transport,
  Nous être tout ravi par une seule mort!   630
  Si votre bon génie attend l'heure opportune,
  Savez-vous les emplois dont vous courez fortune?
  L'espoir vous manque-t-il? et n'osez-vous songer
  Qu'avant qu'être‡ empereur Maximin fut berger?
  Pour peu que sa faveur vous puisse être constante,   635
  Quel défaut vous défend une pareille attente?
  Quel mépris obstiné des hommes et des dieux
  Vous rend indifférents et la terre et les cieux,
  Et, comme si la mort vous était souhaitable,
  Fait que pour l'obtenir vous vous rendez coupable,   640
  Et vous faites César et les dieux ennemis?
  Pesez-en le succès d'un esprit plus remis;§
  Celui n'a point péché, de qui la repentance
  Témoigne la surprise et suit de près l'offense.‖

---

* An example of precious language.
† *Encor si* = 'if at least'.   ‡ *Avant que* for *avant de*.
§ 'Ponder the outcome of this with a calmer mind.'
‖ Another *sentence*.

645 ADRIEN. La grâce dont le ciel a touché mes esprits
       M'a bien persuadé, mais ne m'a point surpris;
       Et, me laissant toucher à cette repentance,*
       Bien loin de réparer, je commettrais l'offense.
       Allez, ni Maximin, courtois ou furieux,
650 Ni ce foudre qu'on peint en la main de vos dieux,
       Ni la cour, ni le trône, avecque tous leurs charmes,
       Ni Natalie enfin avec toutes ses larmes,
       Ni l'univers rentrant dans son premier chaos,
       Ne divertiraient pas un si ferme propos.
655 FLAVIE. Pesez bien les effets qui suivront mes paroles.
       ADRIEN. Ils seront sans vertu, comme elles sont frivoles.
       FLAVIE. Si raison ni douceur ne vous peut émouvoir,
       Mon ordre va plus loin.
       ADRIEN.   Faites votre devoir.
       FLAVIE. C'est de vous arrêter et vous charger de
          chaînes,
660 Si, comme je vous dis, l'une et l'autre sont vaines.

                            (*On enchaîne Adrien*)

       ADRIEN, *présentant ses bras aux fers, que*
            les gardes lui attachent

       Faites; je recevrai ces fardeaux précieux
       Pour les premiers présents qui me viennent des cieux,
       Pour de riches faveurs et de superbes marques
       Du César des Césars et du roi des monarques;
665 Et j'irai sans contrainte où, d'un illustre effort,
       Les soldats de Jésus triomphent de la mort.†

                            (*Ils sortent tous*)

---

    * 'Allowing myself to be moved by this repentance.' *Repentance* is old French for *repentir*.

    † One wonders whether it is *vraisemblable* to represent Adrien in such a favourable light. Would not even Dioclétien and Maximin have been bound to recognise the nobility of such a character?

Scène IX

Dioclétien, Maximin, etc.

DIOCLÉTIEN. En cet acte, Genest à mon gré se surpasse.

MAXIMIN. Il ne se peut rien feindre avecque plus de
grâce.

VALÉRIE, *se levant*. L'intermède permet de l'en féliciter,
Et de voir les acteurs.

DIOCLÉTIEN.   Il se faut donc hâter.   670

ACTE TROISIÈME

Scène I

DIOCLÉTIEN, MAXIMIN, VALÉRIE, CAMILLE,
PLANCIEN, SUITE DE GARDES, ET DE SOLDATS

VALÉRIE, *descendant du théâtre.* Quel trouble! quel
  désordre! et comment sans miracle
Nous peuvent-ils produire aucun* plaisant spectacle?
CAMILLE. Certes, à voir entre eux cette confusion,
L'ordre de leur récit semble une illusion.
675 MAXIMIN. L'art en est merveilleux, il faut que je
  l'avoue;
Mais l'acteur qui paraît est celui qui me joue,
Et qu'avecque Genest j'ai vu se concerter.
Voyons de quelle grâce il saura m'imiter.

Scène II

MAXIMIN, *représenté par* OCTAVE, *comédien*; ADRIEN,
  chargé de fers; FLAVIE; SUITE DE GARDES ET DE
  SOLDATS

MAXIMIN, *acteur.* Sont-ce là les faveurs, traître, sont-ce
  les gages
680 De ce maître nouveau qui reçoit tes hommages,
Et qu'au mépris des droits et du culte des dieux
L'impiété chrétienne ose placer aux cieux?
ADRIEN. La nouveauté, Seigneur, de ce maître des
  maîtres
Est devant tous les temps et devant tous les êtres:
685 C'est lui qui du néant a tiré l'univers,
Lui qui dessus la terre a répandu les mers,
Qui de l'air étendit les humides contrées,
Qui sema de brillants les voûtes azurées,

* *Aucun = quelque.*

Qui fit naître la guerre entre les éléments,
Et qui régla des cieux les divers mouvements;   690
La terre à son pouvoir rend un muet hommage,
Les rois sont ses sujets, le monde est son partage;
Si l'onde est agitée, il la peut affermir;
S'il querelle les vents, ils n'osent plus frémir;
S'il commande au soleil, il arrête sa course: 695
Il est maître de tout, comme il en est la source;
Tout subsiste par lui, sans lui rien n'eût été;
De ce maître, Seigneur, voilà la nouveauté.
Voyez si sans raison il reçoit mes hommages,
Et si sans vanité j'en puis porter les gages.   700
Oui, ces chaînes, César, ces fardeaux glorieux,
Sont aux bras d'un chrétien des présents précieux;
Devant nous, ce cher maître en eut les mains chargées,
Au feu de son amour il nous les a forgées;
Loin de nous accabler, leur faix est notre appui,   705
Et c'est par ces chaînons qu'il nous attire à lui.
MAXIMIN, *acteur*. Dieux! à qui pourrons-nous nous
        confier sans crainte,
Et de qui nous promettre une amitié sans feinte,
De ceux que la fortune attache à nos côtés,
De ceux que nous avons moins acquis qu'achetés,   710
Qui sous des fronts soumis cachent des cœurs rebelles,
Que par trop de crédit nous rendons infidèles?
O dure cruauté du destin de la cour,*
De ne pouvoir souffrir d'inviolable amour,
De franchise sans fard, de vertu qu'offusquée,†   715
De devoir que contraint, ni de foi que manquée!
Qu'entreprends-je, chétif, en ces lieux écartés,
Où, lieutenant des dieux justement irrités,
Je fais d'un bras vengeur éclater les tempêtes,
Et poursuis des chrétiens les sacrilèges têtes,   720
Si, tandis que j'en prends un inutile soin,
Je vois naître chez moi ce que je fuis si loin?

---

* Complaints about court life were a commonplace in
seventeenth-century drama and poetry. Cf. ll. 1519–1528.
† *Que* in this line and the next = 'but that which is'.

Ce que j'extirpe ici dans ma cour prend racine;
J'élève auprès de moi ce qu'ailleurs j'extermine.
725 Ainsi notre fortune, avec tout son éclat,
Ne peut, quoi qu'elle fasse, acheter un ingrat.

ADRIEN. Pour croire un Dieu, Seigneur, la liberté de croire
Est-elle en votre estime une action si noire,
Si digne de l'excès où vous vous emportez,
730 Et se peut-il souffrir de moindres libertés?
Si jusques à ce jour vous avez cru ma vie
Inaccessible même aux assauts de l'envie,
Et si les plus censeurs ne me reprochent rien,
Qui m'a fait si coupable, en me faisant chrétien?
735 Christ réprouve la fraude, ordonne la franchise,
Condamne la richesse injustement acquise,
D'une illicite amour défend l'acte indécent,
Et de tremper ses mains dans le sang innocent:
Trouvez-vous en ces lois aucune ombre de crime,
740 Rien de honteux aux siens, et rien d'illégitime?
J'ai contre eux éprouvé tout ce qu'eût pu l'enfer:
J'ai vu couler leur sang sous des ongles de fer,
J'ai vu bouillir leur corps dans la poix et les flammes,
J'ai vu leur chair tomber sous de flambantes lames,
745 Et n'ai rien obtenu de ces cœurs glorieux
Que de les avoir vus pousser des chants aux cieux,
Prier pour leurs bourreaux au fort de leur martyre,
Pour vos prospérités, et pour l'heur de l'empire.

MAXIMIN, *acteur*. Insolent! est-ce à toi de te choisir des dieux?
750 Les miens, ceux de l'empire et ceux de tes aïeux
Ont-ils trop faiblement établi leur puissance
Pour t'arrêter au joug de leur obéissance?

ADRIEN. Je cherche le salut, qu'on ne peut espérer
De ces dieux de métal qu'on vous voit adorer.

755 MAXIMIN, *acteur*. Le tien, si cette humeur s'obstine à me déplaire,
Te garantira mal des traits de ma colère,
Que tes impiétés attireront sur toi.

ADRIEN. J'en parerai les coups du bouclier de la foi.

MAXIMIN, *acteur*. Crains de voir, et bientôt, ma faveur
 négligée
Et l'injure des dieux cruellement vengée.   760
De ceux que par ton ordre on a vus déchirés,
Que le fer a meurtris et le feu dévorés,
Si tu ne divertis la peine où tu t'exposes,
Les plus cruels tourments n'auront été que roses.

ADRIEN. Nos corps étant péris, nous espérons qu'ailleurs 765
Le Dieu que nous servons nous les rendra meilleurs.

MAXIMIN, *acteur*. Traître! jamais sommeil n'enchantera
 mes peines
Que ton perfide sang, épuisé de tes veines,
Et ton cœur sacrilège, aux corbeaux exposé,
N'ait rendu de nos dieux le courroux apaisé.   770

ADRIEN. La mort dont je mourrai sera digne d'envie,
Quand je perdrai le jour pour l'auteur de la vie.

MAXIMIN, *acteur* (*à Flavie*). Allez; dans un cachot
 accablez-le de fers;
Rassemblez tous les maux que sa secte a soufferts,
Et faites à l'envi contre cet infidèle...   775

ADRIEN. Dites ce converti.

MAXIMIN, *acteur*.   Paraître votre zèle;
Imaginez, forgez; le plus industrieux
A le faire souffrir sera le plus pieux:
J'emploîrai ma justice où ma faveur est vaine,
Et qui fuit ma faveur éprouvera ma haine.   780

ADRIEN (*à part*) *s'en allant*. Comme je te soutiens,
 Seigneur, sois mon soutien:
Qui commence à souffrir commence d'être tien.

Scène III

MAXIMIN, *acteur*, GARDES
(*Flavie emmène* ADRIEN *avec des gardes*)

MAXIMIN, *acteur* (*à part*).　Dieux, vous avez un foudre, et cette félonie
Ne le peut allumer et demeure impunie!
785　Vous conservez la vie et laissez la clarté
A qui* vous veut ravir votre immortalité,
A qui contre le Ciel soulève un peu de terre,†
A qui veut de vos mains arracher le tonnerre,
A qui vous entreprend‡ et vous veut détrôner
790　Pour un Dieu qu'il se forge et qu'il veut couronner!
Inspirez-moi, grands dieux, inspirez-moi des peines
Dignes de mon courroux et dignes de vos haines,
Puisqu'à des attentats de cette qualité
Un supplice commun est une impunité.

(*Il sort*)

Scène IV

FLAVIE, *ramenant* ADRIEN *à la prison*; ADRIEN,
LE GEÔLIER, GARDES

795　FLAVIE, *au geôlier*.　L'ordre exprès de César le commet
en ta garde.
LE GEÔLIER.　Le vôtre me suffit, et ce soin me regarde.

---

* *A qui* = *A celui qui*, i.e. Adrien.
† *Un peu de terre*. An obscure phrase which probably means 'a feeble mortal like himself', i.e. Adrien.
‡ *Entreprend* lit. = 'takes to task', and so 'attacks'.

Scène V

NATALIE, FLAVIE, ADRIEN, LE GEÔLIER

NATALIE. O nouvelle trop vraie! est-ce là mon époux?

FLAVIE. Notre dernier espoir ne consiste qu'en vous:
Rendez-le-nous à vous, à César, à lui-même.

NATALIE. Si l'effet n'en dépend que d'un désir ex- 800
trême...

FLAVIE. Je vais faire espérer cet heureux changement.
Voyez-le.

(Flavie s'en va avec les gardes et le geôlier se retire)

ADRIEN. Tais-toi, femme, et m'écoute un moment.
Par l'usage des gens et par les lois romaines,
La demeure, les biens, les délices, les peines,
Tout espoir, tout profit, tout humain intérêt,   805
Doivent être communs à qui la couche l'est.
Mais que, comme la vie et comme la fortune,
Leur créance toujours leur doive être commune,
D'étendre jusqu'aux dieux cette communauté,
Aucun droit n'établit cette nécessité.   810
Supposons toutefois que la loi le désire,
Il semble que l'époux, comme ayant plus d'empire,
Ait le droit le plus juste ou le plus spécieux
De prescrire chez soi le culte de ses dieux.
Ce que tu vois enfin, ce corps chargé de chaînes, 815
N'est l'effet ni des lois ni des raisons humaines,
Mais de quoi* des chrétiens j'ai reconnu le Dieu,
Et dit à vos autels un éternel adieu.
Je l'ai dit, je le dis, et trop tard pour ma gloire,
Puisqu'enfin je n'ai cru qu'étant forcé de croire, 820
Qu'après les† avoir vus, d'un visage serein,
Pousser des chants aux cieux dans des taureaux d'airain,
D'un souffle, d'un regard jeter vos dieux par terre,
Et l'argile et le bois s'en briser comme verre.

---

* *de quoi = de ce que*, an obsolete use meaning 'because I have
recognised', etc.

† *les* refers to *les chrétiens.*

825　Je les ai combattus: ces effets m'ont vaincu;
　　　J'ai reconnu par eux l'erreur où j'ai vécu;
　　　J'ai vu la vérité, je la suis, je l'embrasse;
　　　Et si César prétend par force, par menace,
　　　Par offres, par conseil, ou par allèchements,
830　Et toi ni* par soupirs ni par embrassements,
　　　Ébranler une foi si ferme et si constante,
　　　Tous deux vous vous flattez d'une inutile attente.
　　　Reprends sur ta franchise un empire absolu;
　　　Que le nœud qui nous joint demeure résolu;
835　Veuve dès à présent, par ma mort prononcée,
　　　Sur un plus digne objet adresse ta pensée;
　　　Ta jeunesse, tes biens, ta vertu, ta beauté,
　　　Te feront mieux trouver que ce qui t'est ôté.
　　　Adieu: pourquoi, cruelle à de si belles choses,
840　Noyes-tu† de tes pleurs ces œillets‡ et ces roses?
　　　Bientôt, bientôt le sort, qui t'ôte ton époux,
　　　Te fera respirer sous un hymen plus doux.
　　　Que fais-tu? tu me suis! Quoi! tu m'aimes encore?
　　　Oh! si de mon désir l'effet pouvait éclore!
845　Ma sœur,§ c'est le seul nom dont je te puis nommer,
　　　Que sous de douces lois nous nous pourrions aimer!
　　　　　　(*L'embrassant*)
　　　Tu saurais que la mort, par qui l'âme est ravie,
　　　Est la fin de la mort plutôt que de la vie,
　　　Qu'il n'est amour ni vie en ce terrestre lieu,
850　Et qu'on ne peut s'aimer ni vivre qu'avec Dieu.
　　　NATALIE, *l'embrassant.* Oh! d'un Dieu tout-puissant
　　　　　merveilles souveraines!
　　　Laisse-moi, cher époux, prendre part en tes chaînes!
　　　Et, si ni notre hymen ni ma chaste amitié
　　　Ne m'ont assez acquis le nom de ta moitié,

　　ni...ni. The negation here is implicit and is equivalent to
soit...soit.
　　　† *Noyes*=*noies* and is here two syllables.
　　　‡ *Œillets* in old French could mean 'little eyes', and perhaps
Rotrou is punning; *roses* probably refer to Natalie's cheeks.
　　　§ A term of endearment commonly employed by early
Christian husbands when addressing their wives.

Permets que l'alliance enfin s'en accomplisse, 855
Et que Christ de ces fers aujourd'hui nous unisse;
Crois qu'ils seront pour moi d'indissolubles nœuds
Dont l'étreinte en toi seul saura borner mes vœux.

ADRIEN. O ciel! ô Natalie, ah! douce et sainte flamme,
Je rallume mes feux et reconnais ma femme. 860
Puisqu'au chemin du ciel tu veux suivre mes pas,
Sois mienne, chère épouse, au delà du trépas;
Que mes vœux, que ta foi... Mais, tire-moi de peine:
Ne me flatté-je point d'une créance vaine?
D'où te vient le beau feu qui t'échauffe le sein? 865
Et quand as-tu conçu ce généreux dessein?
Par quel heureux motif...

NATALIE.   Je te vais satisfaire;
Il me fut inspiré presque aux flancs de ma mère,
Et presque en même instant le ciel versa sur moi
La lumière du jour et celle de la foi. 870
Il fit qu'avec le lait, pendante à la mamelle,
Je suçai des chrétiens la créance et le zèle;
Et ce zèle avec moi crut jusqu'à l'heureux jour
Que mes yeux, sans dessein, m'acquirent ton amour.
Tu sais, s'il t'en souvient, de quelle résistance 875
Ma mère en cet amour combattit ta constance;
Non qu'un si cher parti ne nous fût glorieux,
Mais pour sa répugnance au culte de tes dieux.
De César toutefois la suprême puissance
Obtint ce triste aveu de son obéissance; 880
Ses larmes seulement marquèrent ses douleurs;
Car qu'est-ce qu'une esclave a de plus que des pleurs?
Enfin, le jour venu que je te fus donnée:
'Va, me dit-elle à part, va, fille infortunée,
'Puisqu'il plaît à César; mais surtout souviens-toi 885
'D'être fidèle au Dieu dont nous suivons la loi,
'De n'adresser qu'à lui tes vœux et tes prières,
'De renoncer au jour plutôt qu'à ses lumières
'Et détester autant les dieux de ton époux
'Que ses chastes baisers te doivent être doux.' 890
Au défaut de ma voix, mes pleurs lui répondirent.

Tes gens dedans ton char aussitôt me rendirent,
Mais l'esprit si rempli de cette impression
Qu'à peine eus-je des yeux pour voir ta passion,
895　Et qu'il fallut du temps pour ranger ma franchise
Au point où ton mérite à la fin l'a soumise.
L'œil qui voit dans les cœurs clair comme dans les cieux
Sait quelle aversion j'ai depuis pour tes dieux;
Et, depuis notre hymen, jamais leur culte impie,
900　Si tu l'as observé, ne m'a coûté d'hostie;
Jamais sur leurs autels mes encens n'ont fumé;
Et, lorsque je t'ai vu, de fureur enflammé,
Y faire tant offrir d'innocentes victimes,
J'ai souhaité cent fois de mourir pour tes crimes,
905　Et cent fois vers le ciel, témoin de mes douleurs,
Poussé pour toi des vœux accompagnés de pleurs.
ADRIEN. Enfin je reconnais, ma chère Natalie,
Que je dois mon salut au saint nœud qui nous lie.
Permets-moi toutefois de me plaindre à mon tour:
910　Me voyant te chérir d'une si tendre amour,
Y pouvais-tu répondre et me tenir cachée
Cette céleste ardeur dont Dieu t'avait touchée?
Peux-tu, sans t'émouvoir, avoir vu ton époux
Contre tant d'innocents exercer son courroux?
915　NATALIE. Sans m'émouvoir! Hélas! le Ciel sait si tes
　　　armes
Versaient jamais de sang sans me tirer des larmes.
Je m'en émus assez; mais eussé-je espéré
De réprimer la soif d'un lion altéré,
De contenir un fleuve inondant une terre,
920　Et d'arrêter dans l'air la chute d'un tonnerre?
J'ai failli toutefois, j'ai dû parer tes coups;
Ma crainte fut coupable autant que ton courroux.
Partageons donc la peine aussi bien que les crimes:
Si ces fers te sont dus, ils me sont légitimes;
925　Tous deux dignes de mort, et tous deux résolus,
Puisque nous voici joints, ne nous séparons plus;
Qu'aucun temps, qu'aucun lieu, jamais ne nous divisent;
Un supplice, un cachot, un juge nous suffisent.

ADRIEN. Par un ordre céleste, aux mortels inconnu,
  Chacun part de ce lieu quand son temps est venu: 930
  Suis cet ordre sacré, que rien ne doit confondre;
  Lorsque Dieu nous appelle, il est temps de répondre;
  Ne pouvant avoir part en ce combat fameux,
  Si mon cœur au besoin ne répond à mes vœux,
  Mérite, en m'animant,* ta part de la couronne 935
  Qu'en l'empire éternel le martyre nous donne:
  Au défaut du premier, obtiens le second rang;
  Acquiers par tes souhaits ce qu'on nie à ton sang,
  Et dedans le péril m'assiste en cette guerre.

NATALIE. Bien donc, choisis le ciel et me laisse la terre. 940
  Pour aider ta constance en ce pas périlleux,
  Je te suivrai partout et jusque dans les feux;
  Heureuse si la loi qui m'ordonne de vivre
  Jusques au ciel enfin me permet de te suivre,
  Et si de ton tyran le funeste courroux 945
  Passe jusqu'à l'épouse, ayant meurtri l'époux.
  Tes gens me rendront bien ce favorable office
  De garder qu'à mes soins César ne te ravisse
  Sans en apprendre l'heure et m'en donner avis,
  Et bientôt de mes pas les tiens seront suivis; 950
  Bientôt...

ADRIEN.   Épargne-leur cette inutile peine;
  Laisse m'en le souci, leur veille serait vaine.
  Je ne partirai point de ce funeste lieu
  Sans ton dernier baiser et ton dernier adieu:
  Laisses-en sur mon soin reposer ton attente. 955

---

* *en m'animant* = *en m'encourageant.* The sense of these
rather crude lines is that Natalie had not been called to a
martyr's death: all she could do was to encourage her husband,
and so win a place among *le second rang* in Heaven!

Scène VI

Flavie, gardes, Adrien, Natalie

FLAVIE. Aux desseins importants, qui craint, impatiente.*
    Eh bien, qu'obtiendrons-nous? vos soins officieux
    A votre époux aveugle ont-ils ouvert les yeux?
    NATALIE. Nul intérêt humain, nul respect ne le touche;
960   Quand j'ai voulu parler, il m'a fermé la bouche,
    Et, détestant les dieux, par un long entretien,
    A voulu m'engager dans le culte du sien.
    Enfin, ne tentez plus un dessein impossible,
    Et gardez que, heurtant ce cœur inaccessible,
965   Vous ne vous y blessiez, pensant le secourir,
    Et ne gagniez le mal que vous voulez guérir;
    Ne veuillez point son bien à votre préjudice;
    Souffrez, souffrez plutôt que l'obstiné périsse;
    Rapportez à César notre inutile effort,
970   Et, si la loi des dieux fait conclure à sa mort,
    Que l'effet prompt et court en suive la menace:
    J'implore seulement cette dernière grâce.
    Si de plus doux succès n'ont suivi mon espoir,
    J'ai l'avantage au moins d'avoir fait mon devoir.
975   FLAVIE. O vertu sans égale, et sur toutes insigne!
    O d'une digne épouse époux sans doute indigne!
    Avec quelle pitié le peut-on secourir,
    Si, sans pitié de soi, lui-même il veut périr?
    NATALIE. Allez; n'espérez pas que ni force ni crainte
980   Puissent rien où mes pleurs n'ont fait aucune atteinte;
    Je connais trop son cœur, j'en sais la fermeté,
    Incapable de crainte et de légèreté.
    A regret contre lui je rends ce témoignage;
    Mais l'intérêt du Ciel à ce devoir m'engage.

* This difficult line has two possible renderings: (i) Flavie is the antecedent of *qui*, and *impatiente* is used reflexively for *s'impatiente*. 'Qui craint dans les desseins importants s'impatiente'; (ii) Natalie is the antecedent of *qui*. 'Qui craint dans les desseins importants fait perdre patience.'

Encore un coup, cruel, au nom de notre amour,   985
Au nom saint et sacré de la céleste cour,
Reçois de ton épouse un conseil salutaire :
Déteste ton erreur, rends-toi le Ciel prospère ;
Songe et propose-toi que tes travaux présents,
Comparés aux futurs, sont doux ou peu cuisants.   990
Vois combien cette mort importe à ton estime,
D'où tu sors, où tu vas, et quel objet t'anime.
ADRIEN. Mais toi, contiens ton zèle, il m'est assez
   connu,
Et songe que ton temps n'est pas encor venu ;
Que je te vais attendre à ce port désirable.   995
Allons, exécutez le décret favorable
Dont j'attends mon salut plutôt que le trépas.
FLAVIE, *le livrant au geôlier et s'en allant.* Vous en êtes
   coupable, en ne l'évitant pas.
   (*Il sort. Le geôlier et les gardes emmènent Adrien*)

SCÈNE VII

NATALIE, *seule*

J'ose à présent, ô Ciel, d'une vue assurée,
Contempler les brillants de ta voûte azurée,   1000
Et nier ces faux dieux, qui n'ont jamais foulé
De ce palais roulant le lambris étoilé.
A ton pouvoir, Seigneur, mon époux rend hommage ;
Il professe ta foi, ses fers t'en sont un gage ;
Ce redoutable fléau des dieux sur les chrétiens,   1005
Ce lion altéré du sacré sang des tiens,
Qui de tant d'innocents crut la mort légitime,
De ministre qu'il fut, s'offre enfin pour victime,
Et, patient agneau, tend à tes ennemis
Un col à ton saint joug heureusement soumis.   1010
Rompons, après sa mort, notre honteux silence ;
De ce lâche respect forçons la violence,
Et disons aux tyrans, d'une constante voix,
Ce qu'à Dieu du penser nous avons dit cent fois.

1015 Donnons air au beau feu dont notre âme est pressée;
En cette illustre ardeur mille m'ont devancée;
D'obstacles infinis mille ont su triompher,
Cécile* des tranchants, Prisque des dents de fer,
Fauste des plombs bouillants, Dipne de sa noblesse,
1020 Agathe de son sexe, Agnès de sa jeunesse,
Tècle de son amant, et toutes du trépas;
Et je répugnerais à marcher sur leur pas!

(Elle rentre)

Scène VIII

Genest, Dioclétien, Maximin, Valérie, Camille, Plancien, gardes

Genest. Seigneur, le bruit confus d'une foule importune
De gens qu'à votre suite attache la fortune,
1025 Par le trouble où nous met cette incommodité,
Altère les plaisirs de Votre Majesté,
Et nos acteurs, confus de ce désordre extrême...
Dioclétien, *se levant, avec toute la cour.* Il y faut donner ordre, et l'y porter nous-même.
De vos dames la jeune et courtoise beauté
1030 Vous attire toujours cette importunité.

* St Cecilia, patroness of music, martyred by fire and sword (*tranchants*) A.D. 250; St Prisca martyred *c.* 275; St Fausta martyred under Maximian; St Dympna, daughter of an Irish King, martyred in Brabant in the seventh century; St Agatha martyred 251; St Agnes martyred at the age of thirteen in 304; St Thecla martyred under Nero, having forsaken her fiancé. The mention of St Dympna is a strange anachronism.

ACTE QUATRIÈME

Scène I

Dioclétien, Maximin, Valérie, Camille,
Plancien, gardes, *descendant du théâtre*

VALÉRIE, *à Dioclétien.* Votre ordre a mis le calme, et
dedans le silence
De ces irrévérents contiendra l'insolence.
DIOCLÉTIEN. Écoutons: car Genest, dedans cette
action,
Passe aux derniers efforts de sa profession.

Scène II

Adrien, Flavie, gardes, Dioclétien, Maximin,
Valérie, Camille, Plancien, suite de gardes

FLAVIE. Si le Ciel, Adrien, ne t'est bientôt propice,　　1035
D'un infaillible pas tu cours au précipice.
J'avais vu, par l'espoir d'un proche repentir,
De César irrité le courroux s'alentir;
Mais, quand il a connu nos prières, nos peines,
Les larmes de ta femme et son attente vaines,　　　　1040
L'œil ardent de colère et le teint pâlissant:
'Amenez, a-t-il dit d'un redoutable accent,
'Amenez ce perfide, en qui mes bons offices
'Rencontrent aujourd'hui le plus lâche des vices;
'Et que l'ingrat apprenne à quelle extrémité　　　　　1045
'Peut aller la fureur d'un monarque irrité.'
Passant de ce discours, s'il faut dire, à la rage,
Il invente, il ordonne, il met tout en usage,
Et, si le repentir de ton aveugle erreur
N'en détourne l'effet et n'éteint sa fureur...　　　　1050
ADRIEN. Que tout l'effort, tout l'art, toute l'adresse
humaine

S'unisse pour ma perte et conspire à ma peine:
Celui qui d'un seul mot créa chaque élément,
Leur donnant l'action, le poids, le mouvement,
1055 Et prêtant son concours à ce fameux ouvrage,
Se retint le pouvoir d'en suspendre l'usage;
Le feu ne peut brûler, l'air ne saurait mouvoir,
Ni l'eau ne peut couler qu'au gré de son pouvoir;
Le fer, solide sang des veines de la terre
1060 Et fatal instrument des fureurs de la guerre,
S'émousse, s'il l'ordonne, et ne peut pénétrer
Où son pouvoir s'oppose et lui défend d'entrer.
Si César m'est cruel, il me sera prospère;
C'est lui que je soutiens, c'est en lui que j'espère;
1065 Par son soin, tous les jours, la rage des tyrans
Croit faire des vaincus et fait des conquérants.

FLAVIE. Souvent en ces ardeurs la mort qu'on se
propose
Ne semble qu'un ébat, qu'un souffle, qu'une rose;
Mais, quand ce spectre affreux sous un front inhumain,
1070 Les tenailles, les feux, les haches à la main,
Commence à nous paraître et faire ses approches,
Pour ne s'effrayer pas il faut être des roches,
Et notre repentir, en cette occasion,
S'il n'est vain, pour le moins tourne à confusion.*

1075 ADRIEN. J'ai contre les chrétiens servi longtemps vos
haines,
Et j'appris leur constance en ordonnant leurs peines.
Mais, avant que César ait prononcé l'arrêt
Dont l'exécution me trouvera tout prêt,
Souffrez que d'un adieu j'acquitte ma promesse
1080 A la chère moitié que Dieu veut que je laisse,
Et que, pour dernier fruit de notre chaste amour,
Je prenne congé d'elle en le prenant du jour.

FLAVIE. Allons, la piété m'oblige à te complaire;
Mais ce retardement aigrira sa colère.

1085 ADRIEN. Le temps en sera court; devancez-moi d'un pas.

* I.e. our repentance, if it is not useless by being too late,
results in putting us to shame.

FLAVIE. Marchons: le zèle ardent qu'il porte à son
  trépas
Nous est de sa personne une assez sûre garde.
UN GARDE. Qui croit un prisonnier toutefois le hasarde.
ADRIEN. Mon ardeur et ma foi me gardent sûrement;
  N'avancez rien qu'un pas, je ne veux qu'un moment.   1090
                                        (*Ils s'en vont*)

SCÈNE III

ADRIEN, *seul, continue*

Ma chère Natalie, avec quelle allégresse
Verras-tu ma visite acquitter ma promesse!
Combien de saints baisers, combien d'embrassements
Produiront de ton cœur les secrets mouvements!
Prends ma sensible ardeur, prends conseil de ma   1095
  flamme;
Marchons assurément sur les pas d'une femme:
Ce sexe qui ferma, rouvrit depuis les cieux;
Les fruits de la vertu sont partout précieux;
Je ne puis souhaiter de guide plus fidèle.
J'approche de la porte, et l'on ouvre. C'est elle.   1100

SCÈNE IV

NATALIE, ADRIEN

ADRIEN, *la voulant embrasser.* Enfin, chère moitié...
NATALIE, *se retirant, et lui fermant la porte.** Comment!
  seul et sans fers?
Est-ce là ce martyr, ce vainqueur des enfers,
Dont l'illustre courage et la force infinie
De ses persécuteurs bravaient la tyrannie?

---

* It must be admitted that Natalie in this scene appears as
somewhat of a virago. Her false conclusions are especially
unjustified seeing that she herself has hesitated to confess her
Christian faith.

1105 ADRIEN. Ce soupçon, ma chère âme...
    NATALIE.   Après ta lâcheté,
    Va, ne me tiens plus, traître, en cette qualité:
    Du Dieu que tu trahis je partage l'injure;
    Moi, l'âme d'un païen! moi, l'âme d'un parjure!
    Moi, l'âme d'un chrétien qui renonce à sa loi!
1110 D'un homme enfin sans cœur et sans âme et sans foi!
    ADRIEN. Daigne m'entendre un mot.
    NATALIE.   Je n'entends plus un lâche
    Qui dès le premier pas chancelle et se relâche,
    Dont la seule menace ébranle la vertu,
    Qui met les armes bas sans avoir combattu,
1115 Et qui, s'étant fait croire une invincible roche,
    Au seul bruit de l'assaut se rend avant l'approche.
    Va, perfide, aux tyrans à qui tu t'es rendu
    Demander lâchement le prix qui t'en est dû;
    Que l'épargne romaine en tes mains se desserre;
1120 Exclu des biens du ciel, songe à ceux de la terre;
    Mais, parmi ses honneurs et ses rangs superflus,
    Compte-moi pour un bien qui ne t'appartient plus.
    ADRIEN. Je ne te veux qu'un mot: accorde ma prière.
    NATALIE. Ah! que de ta prison n'ai-je été la geôlière!
1125 J'aurais souffert la mort avant ta liberté.
    Traître, qu'espères-tu de cette lâcheté?
    La cour s'en raillera; ton tyran, quoi qu'il die,
    Ne saurait en ton cœur priser ta perfidie.
    Les martyrs, animés d'une sainte fureur,
1130 En rougiront de honte et frémiront d'horreur;
    Contre toi, dans le ciel, Christ arme sa justice;
    Les ministres d'enfer préparent ton supplice,
    Et tu viens, rejeté de la terre et des cieux,
    Pour me perdre avec toi, chercher grâce en ces lieux?
        (Elle sort furieuse, et dit en s'en allant)
1135 Que ferai-je, ô Seigneur! puis-je souffrir sans peine
    L'ennemi de ta gloire et l'objet de ta haine?
    Puis-je vivre et me voir en ce confus état
    De la sœur d'un martyr, femme d'un apostat,
    D'un ennemi de Dieu, d'un lâche, d'un infâme?

ADRIEN. Je te vais détromper. Où cours-tu, ma chère 1140
    âme?

NATALIE. Ravir dans ta prison, d'une mâle vigueur,
  La palme qu'aujourd'hui tu perds faute de cœur,
  Y joindre les martyrs, et d'une sainte audace
  Remplir chez eux ton rang et combattre en ta place;
  Y cueillir les lauriers dont Dieu t'eût couronné,   1145
  Et prendre au ciel le lieu qui t'était destiné.

ADRIEN. Pour quelle défiance altères-tu ma gloire?
  Dieu toujours en mon cœur conserve sa victoire;
  Il a reçu ma foi, rien ne peut l'ébranler,
  Et je cours au trépas, bien loin d'en reculer.   1150
  Seul, sans fers, mais armé d'un invincible zèle,
  Je me rends au combat où l'empereur m'appelle;
  Mes gardes vont devant, et je passe en ce lieu
  Pour te tenir parole et pour te dire adieu.
  M'avoir ôté mes fers n'est qu'une vaine adresse   1155
  Pour me les faire craindre et tenter ma faiblesse;
  Et moi, pour tout effet de ce soulagement,
  J'attends le seul bonheur de ton embrassement.
  Adieu, ma chère sœur, illustre et digne femme;
  Je vais par un chemin d'épines et de flamme,   1160
  Mais qu'auparavant* moi Dieu lui-même a battu,
  Te retenir un lieu digne de ta vertu.
  Adieu: quand mes bourreaux exerceront leur rage,
  Implore-moi du ciel la grâce et le courage
  De vaincre la nature en cet heureux malheur,   1165
  Avec une constance égale à ma douleur.

NATALIE, *l'embrassant*. Pardonne à mon ardeur, cher
    et généreux frère,
  L'injuste impression d'un soupçon téméraire,
  Qu'en l'apparent état de cette liberté,
  Sans gardes et sans fers, tu m'avais suscité: 1170
  Va, ne relâche rien de cette sainte audace
  Qui te fait des tyrans mépriser la menace.
  Quoiqu'un grand t'entreprenne, un plus grand est pour
    toi.

---

* Obsolete for *avant*.

Un Dieu te soutiendra, si tu soutiens sa foi.
1175 Cours, généreux athlète, en l'illustre carrière
Où de la nuit du monde on passe à la lumière;
Cours, puisqu'un Dieu t'appelle aux pieds de son autel,
Dépouiller sans regret l'homme infirme et mortel;
N'épargne point ton sang en cette sainte guerre;
1180 Prodigues-y ton corps, rends la terre à la terre;
Et redonne à ton Dieu, qui sera ton appui,
La part qu'il te demande et que tu tiens de lui;
Fuis sans regret le monde et ses fausses délices,
Où les plus innocents ne sont point sans supplices,
1185 Dont le plus ferme état est toujours inconstant,
Dont l'être et le non-être ont presque un même instant,
Et pour qui toutefois la nature aveuglée
Inspire à ses enfants une ardeur déréglée,
Qui les fait si souvent, au péril du trépas,
1190 Suivre la vanité de ses trompeurs appas.
Ce qu'un siècle y produit, un moment le consomme.
Porte les yeux plus haut, Adrien; parais homme:
Combats, souffre et t'acquiers, en mourant en chrétien,
Par un moment de mal, l'éternité d'un bien.
1195 ADRIEN. Adieu, je cours, je vole au bonheur qui m'arrive;
L'effet en est trop lent, l'heure en est trop tardive!
L'ennui seul que j'emporte, ô généreuse sœur,
Et qui de mon attente altère la douceur,
Est que la loi, contraire au Dieu que je professe,
1200 Te prive par ma mort du bien que je te laisse,
Et, l'acquérant au fisc, ôte à ton noble sang
Le soutien de sa gloire et l'appui de son rang.
NATALIE. Quoi! le vol que tu prends vers les célestes plaines
Souffre encor tes regards sur les choses humaines?
1205 Si dépouillé du monde et si près d'en partir,
Tu peux parler en homme et non pas en martyr?
Qu'un si faible intérêt ne te soit point sensible,
Tiens au Ciel, tiens à Dieu d'une force invincible;
Conserve-moi ta gloire, et je me puis vanter
1210 D'un trésor précieux que rien ne peut m'ôter.

Une femme possède une richesse extrême,
Qui possède un époux possesseur de Dieu même.
Toi, qui de ta doctrine assistes les chrétiens,
Approche, cher Anthisme, et joins tes vœux aux miens.

Scène V

Anthisme, Adrien, Natalie

ANTHISME. Un bruit, qui par la ville a frappé mon   1215
    oreille,
De ta conversion m'apprenant la merveille
Et le noble mépris que tu fais de tes jours,
M'amène à ton combat, plutôt qu'à ton secours.
Je sais combien César t'est un faible adversaire;
Je sais ce qu'un chrétien sait et souffrir et faire,   1220
Et je sais que jamais, pour la peur du trépas,
Un cœur touché de Christ n'a rebroussé ses pas.
Va donc, heureux ami, va présenter ta tête
Moins au coup qui t'attend qu'au laurier qu'on
    t'apprête;
Va de tes saints propos éclore les effets;   1225
De tous les chœurs des cieux va remplir les souhaits.
Et vous, hôtes du ciel, saintes légions d'anges,
Qui du nom trois fois saint célébrez les louanges,
Sans interruption de vos sacrés concerts,
A son aveuglement tenez les cieux ouverts.   1230
ADRIEN. Mes vœux arriveront à leur comble suprême,
Si, lavant mes péchés de l'eau du saint baptême,
Tu m'enrôles au rang de tant d'heureux soldats
Qui sous même étendard ont rendu des combats.
Confirme, cher Anthisme, avec cette eau sacrée   1235
Par qui presque en tous lieux la croix est arborée,
En ce fragile sein le projet glorieux
De combattre la terre et conquérir les cieux.
ANTHISME. Sans besoin, Adrien, de cette eau salutaire,

1240   Ton sang t'imprimera ce sacré caractère:*
       Conserve seulement une invincible foi,
       Et, combattant pour Dieu, Dieu combattra pour toi.
       ADRIEN, *regardant le ciel, et rêvant un peu longtemps, dit*
          enfin. Ha! Lentule! en l'ardeur dont mon âme est
          pressée,
       Il faut lever le masque et t'ouvrir ma pensée:
1245   Le Dieu que j'ai haï m'inspire son amour;
       Adrien a parlé, Genest parle à son tour.
       Ce n'est plus Adrien, c'est Genest qui respire
       La grâce du baptême et l'honneur du martyre;
       Mais Christ n'a point commis à vos profanes mains
1250   Ce sceau mystérieux dont il marque ses saints.†
         (*Regardant au ciel, dont l'on jette quelques flammes*)
       Un ministre céleste, avec une eau sacrée,
       Pour laver mes forfaits fend la voûte azurée;
       Sa clarté m'environne, et l'air de toutes parts
       Résonne de concerts, et brille à mes regards.
1255   Descends, céleste acteur; tu m'attends, tu m'appelles.
       Attends, mon zèle ardent me fournira des ailes;
       Du Dieu qui t'a commis dépars-moi les bontés.
       (*Il monte deux ou trois marches et passe derrière la tapisserie*)
       MARCELLE, *qui représentait Natalie.* Ma réplique a
         manqué; ces vers sont ajoutés.
       LENTULE, *qui faisait Anthisme.* Il les fait sur-le-champ,
         et sans suivre l'histoire,
1260   Croit couvrir en rentrant son défaut de mémoire.
       DIOCLÉTIEN. Voyez avec quel art Genest sait aujour-
         d'hui
       Passer de la figure aux sentiments d'autrui.
       VALÉRIE. Pour tromper l'auditeur, abuser l'acteur même,
       De son métier, sans doute, est l'adresse suprême.

---

   * This refers to what the Church calls 'baptism by blood', which is recognised as valid for martyrs who have not been baptised by water. For a discussion of this question as it affects *Polyeucte*, see F. Martino in *RHLF* XLIII, 67.

   † Now it is the real Genest who is speaking; the part of Anthisme was acted by the pagan Lentule.

Scène VI

Flavie, gardes, Marcelle, Lentule, Dioclétien, etc.

FLAVIE. Ce moment dure trop, trouvons-le prompte-   1265
  ment;
  César nous voudra mal de ce retardement;
  Je sais sa violence et redoute sa haine.
UN SOLDAT. Ceux qu'on mande à la mort ne marchent
  pas sans peine.
MARCELLE. Cet homme si célèbre en sa profession,
  Genest, que vous cherchez, a troublé l'action,   1270
  Et, confus qu'il s'est vu, nous a quitté la place.
FLAVIE, *qui est Sergeste*. Le plus heureux parfois tombe
  en cette disgrâce;
  L'ardeur de réussir le doit faire excuser.
CAMILLE, *riant à Valérie*. Comme son art, madame, a
  su les abuser!

Scène VII

Genest, Sergeste, Lentule, Marcelle, gardes, Dioclétien, Valérie, etc.

GENEST, *regardant le ciel, le chapeau à la main*. Suprême   1275
  Majesté, qui jettes dans les âmes,
  Avec deux gouttes d'eau, de si sensibles flammes,
  Achève tes bontés, représente avec moi
  Les saints progrès des cœurs convertis à ta foi!
  Faisons voir dans l'amour dont le feu nous consomme,
  Toi le pouvoir d'un Dieu, moi le devoir d'un homme;   1280
  Toi l'accueil d'un vainqueur sensible au repentir,
  Et moi, Seigneur, la force et l'ardeur d'un martyr.
MAXIMIN. Il feint comme animé des grâces du baptême.
VALÉRIE. Sa feinte passerait pour la vérité même.
PLANCIEN. Certes, ou ce spectacle est une vérité,   1285
  Ou jamais rien de faux ne fut mieux imité.

GENEST. Et vous, chers compagnons de la basse fortune*
Qui m'a rendu la vie avecque vous commune,
Marcelle, et vous Sergeste, avec qui tant de fois
1290 J'ai du Dieu des chrétiens scandalisé les lois,
Si je puis vous prescrire un avis salutaire,
Cruels, adorez-en jusqu'au moindre mystère,
Et cessez d'attacher avec de nouveaux clous
Un Dieu qui sur la croix daigne mourir pour vous;
1295 Mon cœur, illuminé d'une grâce céleste...

MARCELLE. Il ne dit pas un mot du couplet qui lui
reste.

SERGESTE. Comment, se préparant avecque tant de
soin...

LENTULE, *regardant derrière la tapisserie*. Holà, qui tient
la pièce?†

GENEST. Il n'en est plus besoin.
Dedans cette action, où le Ciel s'intéresse,
1300 Un ange tient la pièce, un ange me redresse:‡
Un ange, par son ordre, a comblé mes souhaits,
Et de l'eau du baptême effacé mes forfaits.
Ce monde périssable et sa gloire frivole
Est une comédie où j'ignorais mon rôle.
1305 J'ignorais de quel feu mon cœur devait brûler;
Le démon me dictait quand Dieu voulait parler;
Mais, depuis que le soin d'un esprit angélique
Me conduit, me redresse et m'apprend ma réplique,
J'ai corrigé mon rôle, et le démon confus,
1310 M'en voyant mieux instruit, ne me suggère plus.
J'ai pleuré mes péchés, le Ciel a vu mes larmes;
Dedans cette action il a trouvé des charmes,
M'a départi sa grâce, est mon approbateur,
Me propose des prix, et m'a fait son acteur.
1315 LENTULE. Quoiqu'il manque au sujet, jamais il ne
hésite.§

---

    * He is addressing the actors whose profession was despised
both in ancient Rome and seventeenth-century France.
    † 'Who has got the play?'
    ‡ *redresse* = 'prompts'.   § For *n'hésite*.

GENEST. Dieu m'apprend sur-le-champ ce que je vous
   récite,
  Et vous m'entendez mal, si dans cette action
  Mon rôle passe encor pour une fiction.
DIOCLÉTIEN. Votre désordre enfin force ma patience:
  Songez-vous que ce jeu se passe en ma présence? 1320
  Et puis-je rien comprendre au trouble où je vous
   voi?
GENEST. Excusez-les, Seigneur, la faute en est à moi;
  Mais mon salut dépend de cet illustre crime:
  Ce n'est plus Adrien, c'est Genest qui s'exprime;
  Ce jeu n'est plus un jeu, mais une vérité 1325
  Où par mon action je suis représenté,
  Où moi-même, l'objet et l'acteur de moi-même,
  Purgé de mes forfaits par l'eau du saint baptême,
  Qu'une céleste main m'a daigné conférer,
  Je professe une loi que je dois déclarer. 1330
  Écoutez donc, Césars, et vous, troupes romaines,
  La gloire et la terreur des puissances humaines,
  Mais faibles ennemis d'un pouvoir souverain
  Qui foule aux pieds l'orgueil et le sceptre romain:
  Aveuglé de l'erreur dont l'enfer vous infecte, 1335
  Comme vous des chrétiens j'ai détesté la secte,
  Et si peu que mon art pouvait exécuter,
  Tout mon heur consistait à les persécuter:
  Pour les fuir et chez vous suivre l'idolâtrie,
  J'ai laissé mes parents, j'ai quitté ma patrie, 1340
  Et fait choix à dessein d'un art peu glorieux
  Pour mieux les diffamer et les rendre odieux:
  Mais, par une bonté qui n'a point de pareille,
  Et par une incroyable et soudaine merveille
  Dont le pouvoir d'un Dieu peut seul être l'auteur, 1345
  Je deviens leur rival de leur persécuteur,
  Et soumets à la loi que j'ai tant réprouvée
  Une âme heureusement de tant d'écueils sauvée:
  Au milieu de l'orage où m'exposait le sort,
  Un ange par la main m'a conduit dans le port, 1350
  M'a fait sur un papier voir mes fautes passées

Par l'eau qu'il me versait à l'instant effacées;
Et cette salutaire et céleste liqueur,
Loin de me refroidir, m'a consumé le cœur.

1355 Je renonce à la haine et déteste l'envie
Qui m'a fait des chrétiens persécuter la vie;
Leur créance est ma foi, leur espoir est le mien;
C'est leur Dieu que j'adore; enfin je suis chrétien.
Quelque effort qui s'oppose en l'ardeur qui m'en-
flamme,

1360 Les intérêts du corps cèdent à ceux de l'âme.
Déployez vos rigueurs, brûlez, coupez, tranchez:
Mes maux seront encor moindres que mes péchés.
Je sais de quel repos cette peine est suivie,
Et ne crains point la mort qui conduit à la vie.

1365 J'ai souhaité longtemps d'agréer à vos yeux;
Aujourd'hui je veux plaire à l'empereur des cieux;
Je vous ai divertis, j'ai chanté vos louanges;
Il est temps maintenant de réjouir les anges,
Il est temps de prétendre à des prix immortels,

1370 Il est temps de passer du théâtre aux autels.
Si je l'ai mérité, qu'on me mène au martyre:
Mon rôle est achevé, je n'ai plus rien à dire.

DIOCLÉTIEN. Ta feinte passe enfin pour importunité.

GENEST. Elle vous doit passer pour une vérité.

1375 VALÉRIE. Parle-t-il de bon sens?

MAXIMIN.   Croirai-je mes oreilles?

GENEST. Le bras qui m'a touché fait bien d'autres
merveilles.

DIOCLÉTIEN. Quoi! tu renonces, traître, au culte de
nos dieux?

GENEST. Et les tiens aussi faux qu'ils me sont odieux,
Sept d'entre eux* ne sont plus que des lumières
sombres

1380 Dont la faible clarté perce à peine les ombres,
Quoiqu'ils trompent encor votre crédulité;
Et des autres le nom à peine en est resté.

* I.e. the Sun, the Moon, Jupiter, Mars, Mercury, Saturn,
Venus.

DIOCLÉTIEN, *se levant*. O blasphème exécrable! ô
   sacrilège impie,
  Et dont nous répondrons, si son sang ne l'expie!
  Préfet, prenez ce soin, et de cet insolent   1385
     (*A Plancien*)
  Fermez les actions par un acte sanglant
  Qui des dieux irrités satisfasse la haine:
     (*Tous se lèvent*)
  Qui vécut au théâtre expire dans la scène;
  Et si quelqu'autre, atteint du même aveuglement,
  A part en son forfait, qu'il l'ait en son tourment.   1390
MARCELLE, *à genoux*. Si la pitié, Seigneur...
DIOCLÉTIEN.   La piété plus forte
  Réprimera l'audace où son erreur l'emporte.
PLANCIEN. Repassant cette erreur d'un esprit plus
  remis...
DIOCLÉTIEN. Acquittez-vous du soin que je vous ai
  commis.
CAMILLE, *à Genest*. Simple, ainsi de César tu méprises 1395
  la grâce!
GENEST. J'acquiers celle de Dieu.
        (*Dioclétien sort avec toute la cour*)

SCÈNE VIII

OCTAVE, LE DÉCORATEUR, MARCELLE, PLANCIEN

OCTAVE.   Quel mystère se passe?
MARCELLE. L'empereur abandonne aux rigueurs de la
  loi
  Genest, qui des chrétiens a professé la foi.
OCTAVE. Nos prières peut-être...
MARCELLE.   Elles ont été vaines.
PLANCIEN. Gardes!   1400
UN GARDE.   Seigneur?
PLANCIEN.   Menez Genest, chargé de chaines,
  Dans le fond d'un cachot attendre son arrêt.

GENEST (*On le descend du théâtre*). Je t'en rends grâce,
　ô Ciel! allons, me voilà prêt:
　Les anges, quelque jour, des fers que tu m'ordonnes
　Dans ce palais d'azur me feront des couronnes.

Scène IX

PLANCIEN, MARCELLE, OCTAVE, SERGESTE,
LENTULE, ALBIN, GARDES, LE DÉCORATEUR,
ET AUTRES ASSISTANTS

1405　PLANCIEN, *assis*. Son audace est coupable, autant que
　　son erreur,
　　D'en oser faire gloire aux yeux de l'empereur.
　　Et vous, qui sous même art courez même fortune,
　　Sa foi, comme son art, vous est-elle commune?
　　Et comme un mal souvent devient contagieux...
1410　MARCELLE. Le Ciel m'en garde, hélas!
　　OCTAVE. 　　　　　　M'en préservent les dieux!
　　SERGESTE. Que plutôt mille morts...
　　LENTULE. 　　　　　　Que plutôt mille flammes...
　　PLANCIEN, *à Marcelle*. Que représentiez-vous?
　　MARCELLE. 　　　　　Vous l'avez vu, les femmes,
　　Si, selon le sujet, quelque déguisement
　　Ne m'obligeait parfois au travestissement.
1415　PLANCIEN, *à Octave*. Et vous?
　　OCTAVE. 　　　　Parfois les rois, et parfois les esclaves.
　　PLANCIEN, *à Sergeste*. Vous?
　　SERGESTE. 　　　Les extravagants, les furieux, les braves.
　　PLANCIEN, *à Lentule*. Ce vieillard?
　　LENTULE. 　　　　Les docteurs sans lettres ni sans lois,
　　Parfois les confidents, et les traîtres parfois.
　　PLANCIEN, *à Albin*. Et toi?
　　ALBIN. 　　　　　　Les assistants.
　　PLANCIEN, *se levant*. 　　　Leur franchise ingénue
1420　Et leur naïveté se produit assez nue.
　　Je plains votre malheur; mais l'intérêt des dieux

A tout respect humain nous doit fermer les yeux.
A des crimes parfois la grâce est légitime;
Mais à ceux de ce genre elle serait un crime,
Et, si Genest persiste en son aveuglement,   1425
C'est lui qui veut sa mort et rend son jugement.
Voyez-le toutefois, et, si ce bon office
Le peut rendre lui-même à lui-même propice,
Croyez qu'avec plaisir je verrai refleurir
Les membres ralliés d'un corps prêt à périr.   1430

ACTE CINQUIÈME

Scène I

GENEST, *seul dans la prison, avec des fers*

Par quelle divine aventure,
Sensible et sainte volupté,
Essai de la gloire future,
Incroyable félicité;
1435   Par quelles bontés souveraines,
Pour confirmer nos saints propos
Et nous conserver le repos
Sous le lourd fardeau de nos chaînes,
Descends-tu des célestes plaines
1440   Dedans l'horreur de nos cachots?

O fausse volupté du monde,
Vaine promesse d'un trompeur!
Ta bonace la plus profonde
N'est jamais sans quelque vapeur;
1445   Et mon Dieu, dans la peine même
Qu'il veut que l'on souffre pour lui,
Quand il daigne être notre appui
Et qu'il reconnaît que l'on l'aime,
Influe une douceur suprême
1450   Sans mélange d'aucun ennui.

Pour lui la mort est salutaire,
Et par cet acte de valeur
On fait un bonheur volontaire
D'un inévitable malheur.
1455   Nos jours n'ont pas une heure sûre;
Chaque instant use leur flambeau;
Chaque pas nous mène au tombeau,
Et l'art, imitant la nature,
Bâtit d'une même figure
1460   Notre bière et notre berceau.

Mourons donc, la cause y convie:
Il doit être doux de mourir
Quand se dépouiller de la vie
Est travailler pour l'acquérir.
Puisque la céleste lumière   1465
Ne se trouve qu'en la quittant
Et qu'on ne vainc qu'en combattant,
D'une vigueur mâle et guerrière
Courons au bout de la carrière
Où la couronne nous attend.   1470

SCÈNE II

MARCELLE, LE GEÔLIER, GENEST

LE GEÔLIER, *à Marcelle*. Entrez.

(Il s'en va)

MARCELLE. Eh bien, Genest, cette ardeur insensée
 Te dure-t-elle encore, ou t'est-elle passée?
 Si tu ne fais pour toi, si le jour ne t'est cher,
 Si ton propre intérêt ne te saurait toucher,
 Nous osons espérer que le nôtre, possible,*   1475
 En cette extrémité te sera plus sensible,
 Que, t'étant si cruel, tu nous seras plus doux,
 Et qu'obstiné pour toi, tu fléchiras pour nous:
 Si tu nous dois chérir, c'est en cette occurrence;
 Car, séparés de toi, quelle est notre espérance?   1480
 Par quel sort pouvons-nous survivre ton trépas?
 Et que peut plus un corps dont le chef est à bas?
 Ce n'est que de tes jours que dépend notre vie;
 Nous mourrons tous du coup qui te l'aura ravie;
 Tu seras seul coupable, et nous tous, en effet,   1485
 Serons punis d'un mal que nous n'aurons point fait.
GENEST. Si d'un heureux avis vos esprits sont capables,
 Partagez ce forfait, rendez-vous-en coupables,
 Et vous reconnaîtrez s'il est un heur plus doux

***

* *possible* = 'perhaps'.

1490　Que la mort, qu'en effet je vous souhaite à tous.
　　　Vous mourriez pour un Dieu dont la bonté suprême,
　　　Vous faisant en mourant détruire la mort même,
　　　Ferait l'éternité le prix de ce moment,
　　　Que j'appelle une grâce, et vous un châtiment.
1495 MARCELLE. O ridicule erreur de vanter la puissance
　　　D'un Dieu qui donne aux siens la mort pour ré-
　　　　compense!
　　　D'un imposteur, d'un fourbe et d'un crucifié!
　　　Qui l'a mis dans le ciel? qui l'a déifié?
　　　Un nombre d'ignorants et de gens inutiles,
1500　De malheureux, la lie et l'opprobre des villes,
　　　De femmes et d'enfants dont la crédulité
　　　S'est forgée à plaisir une divinité,
　　　De gens qui, dépourvus des biens de la fortune,
　　　Trouvant dans leur malheur la lumière importune,
1505　Sous le nom de chrétiens font gloire du trépas
　　　Et du mépris des biens qu'ils ne possèdent pas,
　　　Perdent l'ambition en perdant l'espérance,
　　　Et souffrent tout du sort avec indifférence!
　　　De là naît le désordre épars en tant de lieux;
1510　De là nait le mépris et des rois et des dieux,
　　　Que César irrité réprime avec justice
　　　Et qu'il ne peut punir d'un trop rude supplice.
　　　Si je t'ose parler d'un esprit ingénu,
　　　Et si le tien, Genest, ne m'est point inconnu,
1515　D'un abus si grossier tes sens sont incapables;
　　　Tu te ris du vulgaire et lui laisses ses fables,
　　　Et pour quelque sujet, mais qui nous est caché,
　　　A ce culte nouveau tu te feins attaché.
　　　Peut-être que tu plains ta jeunesse passée,
1520　Par une ingrate cour si mal récompensée:
　　　Si César, en effet, était plus généreux,
　　　Tu l'as assez suivi pour être plus heureux:
　　　Mais dans toutes les cours cette plainte est commune;
　　　Le mérite bien tard y trouve la fortune;
1525　Les rois ont ce penser inique et rigoureux
　　　Que, sans nous rien devoir, nous devons tout pour eux,

Et que nos vœux, nos soins, nos loisirs, nos personnes,
Sont de légers tributs qui suivent leurs couronnes.
Notre métier surtout, quoique tant admiré,
Est l'art où le mérite est moins considéré.   1530
Mais peut-on qu'en* souffrant vaincre un mal sans
    remède?
Qui se sait modérer, s'il veut, tout lui succède.†
Pour obtenir nos fins, n'aspirons point si haut;
A qui le désir manque aucun bien ne défaut.
Si de quelque besoin ta vie est traversée,   1535
Ne nous épargne point, ouvre-nous ta pensée;
Parle, demande, ordonne, et tous nos biens sont tiens.
Mais quel secours, hélas! attends-tu des chrétiens?
Le rigoureux trépas dont César te menace,
Et notre inévitable et commune disgrâce?   1540
GENEST. Marcelle, avec regret j'espère vainement
De répandre le jour sur votre aveuglement,
Puisque vous me croyez l'âme assez ravalée,
Dans les biens infinis dont le Ciel l'a comblée,
Pour tendre à d'autres biens, et pour s'embarrasser   1545
D'un si peu raisonnable et si lâche penser.
Non, Marcelle, notre art n'est pas d'une importance‡
A m'en être promis beaucoup de récompense;
La faveur d'avoir eu des Césars pour témoins
M'a trop acquis de gloire et trop payé mes soins.   1550
Nos vœux, nos passions, nos veilles et nos peines,
Et tout le sang enfin qui coule de nos veines,
Sont pour eux des tributs de devoir et d'amour
Où le Ciel nous oblige, en nous donnant le jour;
Comme aussi j'ai toujours, depuis que je respire,   1555
Fait des vœux pour leur gloire et pour l'heur de
    l'empire:
Mais où je vois s'agir de l'intérêt d'un Dieu,
Bien plus grand dans le ciel qu'ils ne sont en ce lieu,

---

  * *Que* here = *si ce n'est que.*

  † A *sentence*, as is l. 1534.

  ‡ 'Is not important enough to have promised myself any
great reward from it.'

De tous les empereurs l'empereur et le maître,
1560 Qui seul me peut sauver, comme il m'a donné l'être,
Je soumets justement leur trône à ses autels,
Et contre son honneur ne dois rien aux mortels.
Si mépriser leurs dieux est leur être rebelle,
Croyez qu'avec raison je leur suis infidèle,
1565 Et que, loin d'excuser cette infidélité,
C'est un crime innocent dont je fais vanité.
Vous verrez si ces dieux de métal et de pierre
Seront puissants au ciel comme on les croit en terre,
Et s'ils vous sauveront de la juste fureur
1570 D'un Dieu dont la créance y passe pour erreur:
Et lors ces malheureux, ces opprobres des villes,
Ces femmes, ces enfants et ces gens inutiles,
Les sectateurs enfin de ce crucifié,
Vous diront si sans cause ils l'ont déifié.
1575 Ta grâce peut, Seigneur, détourner ce présage.
Mais, hélas! tous l'ayant, tous n'en ont pas l'usage;
De tant de conviés bien peu suivent tes pas,
Et, pour être appelés, tous ne répondent pas.*
MARCELLE. Cruel, puisqu'à ce point cette erreur te
possède,
1580 Que ton aveuglement est un mal sans remède,
Trompant au moins César, apaise son courroux,
Et, si ce n'est pour toi, conserve-toi pour nous.
Sur la foi de ton Dieu fondant ton espérance,
A celle de nos dieux donne au moins l'apparence,
1585 Et, sinon sous un cœur, sous un front plus soumis,
Obtiens pour nous ta grâce, et vis pour tes amis.
GENEST. Notre foi n'admet point cet acte de faiblesse;
Je la dois publier, puisque je la professe.
Puis-je désavouer le maître que je sui?
1590 Aussi bien que nos cœurs, nos bouches sont à lui.
Les plus cruels tourments n'ont point de violence

---

* The reference here is probably to St Matt. xxii. 14: 'For many are called, but few are chosen.' These lines imply the orthodox Catholic doctrine that grace is sufficient for salvation, but is only made efficacious by human cooperation.

Qui puisse m'obliger à ce honteux silence.
Pourrais-je encore, hélas! après la liberté
Dont cette ingrate voix l'a tant persécuté,
Et dont j'ai fait un Dieu le jouet d'un théâtre,   1595
Aux oreilles d'un prince et d'un peuple idolâtre,
D'un silence coupable, aussi bien que la voix,
Devant ses ennemis méconnaître ses lois?*

MARCELLE. César n'obtenant rien, ta mort sera cruelle.

GENEST. Mes tourments seront courts, et ma gloire   1600
éternelle.

MARCELLE. Quand la flamme et le fer paraîtront à tes
yeux...

GENEST. M'ouvrant la sépulture, ils m'ouvriront les
cieux.

MARCELLE. O dur courage d'homme!

GENEST.   O faible cœur de femme!

MARCELLE. Cruel! sauve tes jours.

GENEST.   Lâche! sauve ton âme.

MARCELLE. Une erreur, un caprice, une légèreté,   1605
Au plus beau de tes ans, te coûter la clarté!

GENEST. J'aurai bien peu vécu, si l'âge se mesure
Au seul nombre des ans prescrit par la nature;
Mais l'âme qu'au martyre un tyran nous ravit
Au séjour de la gloire à jamais se survit.   1610
Se plaindre de mourir, c'est se plaindre d'être homme;
Chaque jour le détruit, chaque instant le consomme;
Au moment qu'il arrive, il part pour le retour,
Et commence de perdre en recevant le jour.

MARCELLE. Ainsi rien ne te touche, et tu nous aban-   1615
donnes?

GENEST. Ainsi je quitterais un trône et des couronnes:
Toute perte est légère à qui s'acquiert un Dieu.

---

* 'Disregard in the sight of his enemies his laws as well as
his voice' (i.e. the voice in II, iv).

Scène III

Le Geôlier, Marcelle, Genest

LE GEÔLIER. Le préfet vous demande.

MARCELLE.   Adieu, cruel!

GENEST.   Adieu.

(*Marcelle sort*)

Scène IV

Le Geôlier, Genest

LE GEÔLIER. Si bientôt à nos dieux vous ne rendez
    hommage,
1620 Vous vous acquittez mal de votre personnage,
    Et je crains en cet acte un tragique succès.

GENEST. Un favorable juge assiste à mon procès;
    Sur ses soins éternels mon esprit se repose;
    Je m'assure sur lui du succès de ma cause;
1625 De mes chaînes par lui je serai déchargé,
    Et par lui-même un jour César sera jugé.

(*Il s'en va avec le geôlier*)

Scène V

Dioclétien, Maximin, suite de gardes*

DIOCLÉTIEN. Puisse par cet hymen votre couche
    féconde
    Jusques aux derniers temps donner des rois au monde,
    Et par leurs actions ces surgeons† glorieux
1630 Mériter comme vous un rang entre les dieux!
    En ce commun bonheur l'allégresse commune
    Marque votre vertu plus que votre fortune,
    Et fait voir qu'en l'honneur que je vous ai rendu

---

    * The stage has been left empty, and the arrival of these
characters is unheralded: this is again a breach of the rules of
strictly regular tragedy.

    † *Surgeons* has the obsolete meaning of 'scions'.

Je vous ai moins payé qu'il ne vous était dû.
Les dieux, premiers auteurs des fortunes des hommes,   1635
Qui dedans nos États nous font ce que nous sommes,
Et dont le plus grand roi n'est qu'un simple sujet,
Y doivent être aussi notre premier objet;
Et, sachant qu'en effet ils nous ont mis sur terre
Pour conserver leurs droits, pour régir leur tonnerre,*   1640
Et pour laisser† enfin leur vengeance en nos mains,
Nous devons sous leurs lois contenir les humains,
Et notre autorité, qu'ils veulent qu'on révère,
A maintenir la leur n'est jamais trop sévère.
J'espérais cet effet, et que tant de trépas   1645
Du reste des chrétiens redresseraient les pas:
Mais j'ai beau leur offrir de sanglantes hosties,
Et laver leurs autels du sang de ces impies,
En vain j'en ai voulu purger ces régions,
J'en vois du sang d'un seul naître des légions.   1650
Mon soin nuit plus aux dieux qu'il ne leur est utile;
Un ennemi défait leur en reproduit mille,
Et le caprice est tel de ces extravagants,
Que la mort les anime et les rend arrogants.
Genest, dont cette secte aussi folle que vaine   1655
A si longtemps été la risée et la haine,
Embrasse enfin leur loi contre celle des dieux,
Et l'ose insolemment professer à nos yeux;
Outre l'impiété, ce mépris manifeste
Mêle notre intérêt à l'intérêt céleste: 1660
En ce double attentat, que sa mort doit purger,
Nous avons et les dieux et nous-même à venger.‡
MAXIMIN. Je crois que le préfet, commis à cet office,
S'attend aussi d'en faire un public sacrifice,

* I.e. 'pour diriger leurs foudres' (justice).
† There is a change of subject here. *Pour laisser* is really
equivalent to 'parce qu'ils laissent'.
‡ Note the skill with which this speech is composed. It
starts with words of congratulation; thence an easy transition
leads him to speak of the gods. He then speaks of the enemies
of these gods, the Christians, and finally refers to one Christian
in particular, Genest. The speech ends on a note of vengeance.

1665 D'exécuter votre ordre, et de cet insolent
Donner ce soir au peuple un spectacle sanglant,
Si déjà sur le bois d'un théâtre funeste
Il n'a représenté l'action qui lui reste.

SCÈNE VI

VALÉRIE, CAMILLE, MARCELLE, *comédienne*, OCTAVE,
comédien, SERGESTE, *comédien*, LENTULE, *comédien*,
ALBIN, DIOCLÉTIEN, MAXIMIN, SUITE DE
GARDES

(Tous les comédiens se mettent à genoux)

VALÉRIE, *à Dioclétien*. Si, quand pour moi le Ciel épuise
ses bienfaits,
1670 Quand son œil providant rit à tous nos souhaits,
J'ose encor espérer que, dans cette allégresse,
Vous souffriez à mon sexe un acte de faiblesse,
Permettez-moi, Seigneur, de rendre à vos genoux
Ces gens qu'en Genest seul vous sacrifiez tous :
(L'empereur les fait lever)
1675 Tous ont aversion pour la loi qu'il embrasse,
Tous savent que son crime est indigne de grâce ;
Mais il est à leur vie un si puissant secours
Qu'ils la perdront du coup qui tranchera ses jours.
M'exauçant, de leur chef vous détournez vos armes ;
1680 Je n'ai pu dénier cet office à leurs larmes,
Où je n'ose insister, si ma témérité
Demande une injustice à Votre Majesté.
DIOCLÉTIEN. Je sais que la pitié plutôt que l'injustice
Vous a fait embrasser ce pitoyable office,
1685 Et dans tout cœur bien né tiens la compassion
Pour les ennemis même une juste action ;
Mais où l'irrévérence et l'orgueil manifeste
Joint l'intérêt d'État à l'intérêt céleste,
Le plaindre est, au mépris de notre autorité,
1690 Exercer la pitié contre la piété ;
C'est d'un bras qui l'irrite arrêter la tempête

Que son propre dessein attire sur sa tête,
Et d'un soin importun arracher de sa main
Le couteau dont lui-même il se perce le sein.
MARCELLE. Ha! Seigneur, il est vrai; mais de cette 1695
    tempête
Le coup frappe sur nous, s'il tombe sur sa tête,
Et le couteau fatal, que l'on laisse en sa main,
Nous assassine tous en lui perçant le sein.
OCTAVE. Si la grâce, Seigneur, n'est due à son offense,
    Quelque compassion l'est à notre innocence. 1700
DIOCLÉTIEN. Le fer qui de ses ans doit terminer le
    cours
Retranche vos plaisirs en retranchant ses jours:
Je connais son mérite, et plains votre infortune;
Mais, outre que l'injure, avec les dieux commune,
Intéresse l'État à punir son erreur, 1705
J'ai pour toute sa secte une si forte horreur,
Que je tiens tous les maux qu'ont souffert ses complices,
Ou qu'ils doivent souffrir, pour de trop doux supplices.
En faveur toutefois de l'hymen fortuné
Par qui tant de bonheur à Rome est destiné, 1710
Si par son repentir, favorable à soi-même,
De sa voix sacrilège il purge le blasphème,
Et reconnaît les dieux auteurs de l'univers,
Les bras de ma pitié vous sont encore ouverts.
Mais voici le préfet: je crains que son supplice 1715
N'ait prévenu l'effet de votre bon office.

SCÈNE VII

PLANCIEN, DIOCLÉTIEN, MAXIMIN, VALÉRIE,
CAMILLE, MARCELLE, OCTAVE, ETC.

PLANCIEN. Par votre ordre, Seigneur, ce glorieux
    acteur,
Des plus fameux héros fameux imitateur,
Du théâtre romain la splendeur et la gloire,
Mais si mauvais acteur dedans sa propre histoire, 1720

Plus entier que jamais en son impiété,
Et par tous mes efforts en vain sollicité,
A du courroux des dieux, contre sa perfidie,
Par un acte sanglant fermé la tragédie...

1725 MARCELLE, *pleurant.* Que nous achèverons par la fin de
nos jours.

OCTAVE. O fatale nouvelle!

SERGESTE.   O funeste discours!

PLANCIEN. J'ai joint à la douceur, aux offres, aux prières,
A si peu que les dieux m'ont donné de lumières,
(Voyant que je tentais d'inutiles efforts)

1730 Tout l'art dont la rigueur peut tourmenter les corps:
Mais ni les chevalets, ni les lames flambantes,
Ni les ongles de fer, ni les torches ardentes,
N'ont contre ce rocher été qu'un doux zéphyr
Et n'ont pu de son sein arracher un soupir.

1735 Sa force en ce tourment a paru plus qu'humaine;
Nous souffrions plus que lui par l'horreur de sa peine;
Et, nos cœurs détestant ses sentiments chrétiens,
Nos yeux ont malgré nous fait l'office des siens;
Voyant la force enfin, comme l'adresse, vaine,

1740 J'ai mis la tragédie à sa dernière scène,
Et fait, avec sa tête, ensemble séparer
Le cher nom de son Dieu qu'il voulait proférer.

DIOCLÉTIEN, *s'en allant.* Ainsi reçoive un prompt et
sévère supplice
Quiconque ose des dieux irriter la justice!   (*Il sort*)

1745 VALÉRIE, *à Marcelle.* Vous voyez de quel soin je vous
prêtais les mains;
Mais sa grâce n'est plus au pouvoir des humains.

                              (*Ils s'en vont tous pleurant*)

MAXIMIN, *emmenant Valérie.* Ne plaignez point,
Madame, un malheur volontaire,
Puisqu'il l'a pu franchir et s'être salutaire,
Et qu'il a bien voulu, par son impiété,

1750 D'une feinte en mourant faire une vérité.

Printed in the United States
By Bookmasters